サッカーで
子どもの力をひきだす

池上さんのことば辞典

京都サンガF.C.普及部部長
監修 池上 正　　著 島沢優子

KANZEN

サッカーで子どもの力をひきだす
池上さんのことば辞典　目次

第1章 力を引き出す、引き出さない「問いかけ・声がけ」

第2章 とらえ直したい「サッカーまわりのことば」

第3章 本質を伝える「サッカー用語」

「言葉は人なり」
大人の言葉が変われば
子どもの育ちが変わる

講演や講習会によく呼んでいただきます。それだけでも幸せなことなのに、終わると席のほうから何人もの方が寄って来られて列を作られます。とてもありがたく感じ、おひとりずつ時間の許す限り質問を受けます。

その中に「言葉がけをどうしたらいいか」という相談が少なくありません。それに加えて「伸びしろってどう思います?」とか「センスって、どう考えてますか?」といった質問も受けます。

私の考えを話すと「えーっ、池上さんはそうとらえてるのかぁ」と驚かれたり、「かなり勘違いをしていました。ありがとうございます」とお礼を言われたりするのです。

私の本の構成を担当される方にその話をしたら、こう言われました。

「『文は人なり』と言いますが、『言葉は人なり』ですよね。言葉の選択や、その理解が変われば、指導や子育てが変わるかもしれませんね」

そこで生まれたのが、『池上さんの辞書』というＷＥＢの連載でした。サッカー用語はもちろんのこと、指導の場や子育てをする中でよく使われる言葉を、私がどんなふうに解釈しているのか。もしくはみなさんに、どうとらえてほしいと思っているのか。言葉の本質を考えることで、指導に役立ててもらえたらと思いました。

言葉は、子どもを導くために用いる大きなツールのひとつなので、私がピッチの内外でよく使う「問いかけ」も含まれています。

中には、口にして欲しくないＮＧワードも解説しています。ぜひ一考してみてください。

「余の辞書に、不可能の文字はない」

そう言ったのは皇帝ナポレオンですが、これは「不可能という文字は、愚か者の辞書にのみ存在する」が、時代を経て変容したという説もあるそうです。

「否定形や命令形は、愚かな大人の辞書にのみ存在する」

私が言うとしたら、こんな感じでしょうか。

ご自分の中に、良い辞書を持ってください。

京都サンガF．C．普及部部長　池上　正

【表記について】

本書で紹介している言葉（フレーズ）や、サッカー用語に関する解説は、あくまでも著者及び監修者の解釈に基づいたものです。従って、一般の国語辞典や、日本サッカー協会が定める競技規則等で説明されている意味とは内容が異なります。あらかじめご了承ください。

各ページに記載されている略語の意味は、以下の通りとなります。

同……同義語
類……類義語
対……対義語
一句……関連する俳句
名……名詞
形……形容詞
動……動詞
命……命令形
問……問いかけ
ポ……ポジティブ詞
子……子どもの言葉

【注】「問いかけ」は疑問形に近い、子どもへ問いかける言葉。「ポジティブ詞」は子どもをポジティブにさせる言葉。ともに本書独自のカテゴリーです。

※文中、人物らの所属は２０１６年10月現在のものです。

第1章

力を引き出す、引き出さない「問いかけ・声がけ」

自分で考えるよう導く「問いかけ」や、意欲や自立を引き出す「声がけ」など、池上さんがよく使う言葉を紹介。その逆で好ましくないNGワードも。「これ、言ってるかも……」自分の言葉を振り返ってみませんか。

わかった？・【わか－った】問

01

類 わかりました、みたいな顔してるけど、本当はわかってないんじゃないの？

指導者や保護者といった大人が、子どもに何かをやらせたくてそのことを説明した際、最後に言い渡す言葉。念押しのようなものであり、子どもはそこで「わかりません」と返せば話が長くなるだけと経験上知っているため、多くの場合わかったふりをする。

こうとらえてみよう！

「わからないところはどこ？」

「わかった？」と、何度も念を押す大人は、短気な人が多いかもしれません。きちんと理解して、早くそのことができるようになってほしい。そんな願いが、言葉や態度に表れています。

そのため、わかった？　と尋ねるときは笑顔がないような気がします。教える側が焦っているようにも見えます。そのうえ、「わかった？　本当にわかったのかな？ほら、こないだも、返事だけして全然違うことしたよね？」などと、過去をほじくり返すことも少なくありません。そういうことが重なると、子どもは受け身になり、思考停止になりがちです。

練習メニューの説明など、一通り終わったら「さあ、やってみよう」とすぐにコートに送り出しましょう。もし、そこで不安そうな顔や、ぼーっとした感じの子を見つけたら、私はいつも「わからなかった人は、わかってるお友達に聞いてね」と言います。大人よりも仲間に教わったことのほうが身につきますし、教えるほうは説明する言葉の力がつきます。

とにかく説明は簡潔に短く終わらせて、どんどんプレーさせましょう。

欧州などに視察に行くと、コーチたちの話はすごく短いです。海外に行くたびに、日本人のコーチの話の長さを痛感させられます。

私なりに理由を考えてみると、やはり日本人のほうが「この説明で子どもたちができているかどうか」が、不安なのだろうと思います。

だから、懸命に言葉を重ねていく。すると、必然的に話は長くなり、子どもは飽きてしまう。最後は「コーチはいつも話が長くて、何言ってるのかわかんない」という結末になります。

できれば「わかった？」は言わないようにしませんか。

それでも、話の最後に何か言いたくなる人はいるでしょう。

そのときはこう聞いてみるといいでしょう。

「わからないところはどこかな？」

そのほうが、子どもは考えてくれます。

質問ありますか？

【しつ‐もん‐あり‐ます‐か】問

類わからないところはどこ？

何か大事なことを伝えた後、きちんと理解されたかを確認するために問いかける言葉。理解したかどうか不安な大人は「わかった？」を連発することが多い（妻から夫へも多し）が、子どもは「わかりません」と言い出しづらい。逆に理解できない部分を尋ねるほうが、うまくいくことが多い。

02

こうとらえてみよう！ 対等な関係があるから成長する

「質問ありますか？」は私の場合、「今伝えたことが、わかってますか？」と確認をする言葉になります。

多くの大人は子どもに何か伝えた後「わかった？」「ちゃんとわかってる？」と念を押すことが多いです。聞かれた子どもたちはほとんどの場合、うんうんと、うなずいたり、「はいっ！」とお行儀よく返事をしたりしますが、あまりよくわかっていないことも多々あります。

「わかった？」と聞かれると、「わかりません」と答えるのは、大人でも勇気のいることです。

「わからない人は？」と挙手させるのも同じ。なかなか手は挙げづらいものです。ですので、私は必ず「何か質問ありますか？」とか「わかりにくいところはありますか？」などと尋ねます。

試合の作戦にしても、練習メニューの説明にしても、複数の子どもがいる中でたった一度の説明で誰ひとり疑問を持たないほうが、おかしい気がします。

「どうしてそんなことをするの？」「それをしたらサッカーが上手くなるの？」そんな質問でもいいのです。

さらにいえば、日本のコーチは欧州や南米のコーチと比べると、子どもが質問しづらい雰囲気をまとっている人が多いように感じます。「ごちゃごちゃ言わずに早くやってよ」とか「黙って練習しろよ」といったスタンスで指導していないでしょうか？

学校やサッカークラブに指導に出かけると、そこにいる子どもたちの態度で、そこにいる大人が彼らと日頃どんなふうにコミュニケーションしているのかがすぐにわかります。**大人が子どもと対等な関係を結んでいる集団は、子どもがよく質問**をしますし、**のびのびとサッカーに取り組むため確実に成長**します。逆に、何を言われても「ハイッ！」と元気よく返事をするほうに気をとられている子どもがいるところは心配になります。

どうですか?・【どう－です－か】問

類どうしましたか?

うまくいってるのか、様子を探る問いかけ。外から見ているのと、子どもが感じているものとで異なることもある。自分で物事を考えるきっかけになるうえ、「思ったことを言っていいんだ」とポジティブな感覚にさせる効果も。こうしなさいと自分の意見を述べる前に、問いかける。保護者も活用できる。

03

こうとらえてみよう！

子どもを認める「どうですか？」

先日、幼稚園の講演をしたとき「子どもの感情を認めることって大事ですよね」という話をしました。

指導をする際、私は「やってみてどうだった？」などとよく問いかけます。**難しかったのか、簡単だったのか。楽しかったのか、つまらなかったのか。そのような自分たちの感情を、大人が気にしているという事実が、質問することによって伝わります。**

加えて、コーチの思いも伝えやすくなります。「どうですか、って何が？」と子どもが聞いてくると、それが対話のきっかけになることもあります。

「いや、今負けてるけど、どうしたらいいかなって思って」

「ちょっと面白くなさそうに見えるけど」

などと、こちらの意見を届けるきっかけになります。

ただし「どうですか？」をいつも言わない大人が、例えば試合に負けているときに使うと、「うまくいかないときだけ聞いてくる」と思われたり、何か注意される気分にさせてしまうので要注意。

ぜひ常日頃から使って口癖にしてください。

もうひとつ、子どもが自分の力で考え抜くために、大人が糸口を与える際の言葉が**「こう思うんだけど」**です。「だけど」で終わらせるのは、「こう考えるけど、君はどうなの？」という問いかけの意味が含まれています。**子どもを尊重している空気感はもちろんのこと、対等な関係であることも伝わります。**

少年サッカーの指導現場でも問いかける声が増えてきましたが、講習会などでこんな質問を受けます。

「問いかけても、子どもがなかなか答えないのでつい指示してしまう」

「答えない子には、どんな働きかけをすればいい？」

うまくいかないときは、何度も問いかけるとか、言って聞かせるのではなく、みなさんと子どもの関係性から見直しましょう。コーチと選手であれ、親と子であれ「この人には何を言っても叱られない。軽蔑されない」という、子どもから見て「大丈夫な関係」かどうか。そこを振り返ってください。

04

楽しかった？・【たの－し－かった】問

同面白かった？　もっとやりたくなった？

サッカーをやって戻って来た子どもに、一番にかけてあげたい言葉。大人が「楽しかったかどうか」を気にしている、ということは、それがサッカーをする一番の目的なのだと伝わることにつながる。ただし、その直後に勝敗やゴールを決めたかなどを問い詰めると本末転倒。

こうとらえてみよう！

「負けたけど、楽しかったよ」

「楽しかった？」と家庭でいの一番に問いかけることは、とても大切です。その次に「今日はどうだった？」と聞いてください。試合でゴールを決めたと言えば「どんなプレーだったの？」と聞いてみる。そこから「最初から考えてたの？」「それが成功したのは初めて？」などと会話がどんどん広がります。

そうやって自分が大好きなサッカーを、**自分のお母さんやお父さんが興味を持って聞いてくれることは、子どもにとってうれしいだけではなく、自己肯定感につながります。**「生き生きとサッカーを楽しんでいる自分はこれでいい」という感覚です。

ところが、あまり良いことではないなと思うのは「今日はどうだった？」と尋ねると、子どもが「○対○で負け」と、いの一番に結果を言うことです。これは、指導者にも多い反応です。私もクラブのコーチに「どうだった？」と聞く機会は多いですが、たいがい試合のスコアを伝えてきます。私はスコアや勝敗などよりも、選手の状況を詳しく聴きたいと思っているのに。これが日本のスポーツの現状だと思います。テストの点数や成績と同様、サッカーも評価されるもののひとつになってしまっています。

欧州では、試合が終わるとすぐ解散。コーチは「また練習場で会おうね」と手を振って子どもを帰し、次の練習前に「こないだの試合ではここが足りなかったから、今日はその練習をしよう」と言ってトレーニングをスタートさせます。試合後に、勝っても負けても延々とミーティングが続く日本とは、ずいぶん違います。

元清水エスパルス監督で育成に詳しいゼムノビッチさんは「目の前にシュンとしている子どもがいるのに、日本の大人はどうしてそんなにミーティングが長いの？」と憤っていました。

試合に負けると、たちまちサッカーが楽しいものではなくなってしまう。もしかしたら、大人のほうがそのような感覚になっていないでしょうか。

「負けたけど、楽しかったよ」

そう言える子どもに育ててほしいと思います。

05

それで満足なの？

【それ－で－まん－ぞく－なの】［問］

［同］それしかできないの？　もう満足しちゃうの？

もうひとつ上のレベルに挑戦してもらいたいときにかける言葉。自尊心をくすぐることでモチベーションを上げる。万が一「うん、満足！」と言われたら「バカにするな」などとカッとせず「そうか～」と悲しそうな顔をするにとどめる。忘れた頃にもう一度言ってみる。

こうとらえてみよう！「ほめる」は成長促進の種まき

「選手のモチベーションを上げる」

指導者にはたくさんの役割がありますが、私はそれが最大の使命だと考えています。それには「ほめる」という働きかけが非常に重要です。**ほめられると、子どもは自信を持ち、サッカーがより楽しく**なります。**と同時に、「自分で考えられる」**ようになります。なぜなら、ほめられるとうれしいから、「こんなことをやってみよう」「次はあれに挑戦してみよう」とトライし始めます。トライしてできると、またほめられる。だからまた自分で考えてトライする。そんな好循環が生まれるわけです。

それとは逆に「私はほめません。厳しくしています」というコーチがいます。理由を尋ねると「子どもに満足してほしくないから」だそうです。でも、「何やってるんだ！」「そんなプレーじゃダメ」と怒っているコーチのもとで、「こんなアイデアがあるからやってみたい」と子どもが自ら考えて挑戦できるでしょうか？

「自分の思ったようにやってごらん」「いいね」「ミスしたけど、そのアイデア、面白いね」

そんなふうにポジティブな言葉のシャワーを浴びせてくれる指導者のほうが、子どもはどんどんチャレンジします。そして、そんなふうにいつもほめてくれるコーチに、ある日「ふーん、それで満足しちゃうの？」と言われたら、子どもはハッとします。つまり「それしかできないの？」という意味なので、非常に効果があります。

ところが、いつも怒っていることのほうが多いコーチが「それしかできないのか？」とか「それで満足なのか？」と言っても、子どもはまた否定されたと感じ、かえってマイナス。自尊心をくすぐることはできません。

普段からほめることは、ひとつギアを上げてほしいときのための「種まき」でもあるのです。

面白いね【おもしろーいーね】ポ

06

類いいね　良かったよ

創造性が求められるサッカーで、想定外のプレーに向けられる最上級のほめ言葉。自分で考えてやったことを認めてあげる行為が、子どもに自信を植え付け、新たなものを生み出そうとする力や意欲につながる。結果ばかりを要求され失敗を恐れる子どもが増えている現在、承認欲求を満たすほめる行為は必要不可欠。

こうとらえてみよう！

「良い指導」を証明するシーンとは

「私は子どものサッカーの試合を2回しか観たことがありません。いつも、帰宅した子から報告を聞いて、頑張ったねと言っていただけです。池上さんの言う通りにして良かった」

先日、中国地方で行った講演で来場した女性がそう話してくれました。私が著書などで「試合を観に行くと親は子どもを責めてしまうから、観に行かないほうが親も子も幸せ」と言っていたのを参考にしてくれたようです。

今の子は常にミスしたらどうしようとビクビクしています。だからシュートを外したりパスミスすると、コーチや親の顔を見るのです。ほめる指導に反対する声もありますが、子どもの現状に即した指導を行うべきです。「今の子はミスを怖がる、情けない」などとぼやいても、何の解決策にもなりません。

私たち大人の役目は、子どもにどんな体験をさせてあげるのか。その一点です。そこがすごく大事です。それなのに、あらかじめ「ここはキープだぞ！」とか、「外に大きく蹴り出しておけ」などと指示してしまうと、子ども自身は何も学べません。「大人の言う通りにしたら勝てた」という体験が残るだけです。

もしプレーが失敗したように見えても、大人の予想を裏切るプレーをしたら「面白いね」と声をかけてください。「大丈夫だよ！」「良かったよ！」もいいですね。そうすることで、子どもは「もう一度トライしよう」と思えるもの。トライ&エラーを重ねなければ、サッカーは上手くなりませんから。

ミスした子がベンチや親には目もくれず、もっと言えば下も向かずにボールを奪い返しに走り出すなら、うまくいっている証です。

このままでいい？

【この－まま－で－いい】問

同今のままでいいの？
類今の自分で満足なの？　大丈夫ですか？

何かを修正・改善させたいときに、問いかける言葉。「こうしなさい」という指示や命令形ではなく、子ども自身に自分の現状と対峙させることで自発性を促す。ただし、詰問調は良くない。この言葉を自問自答したほうがいい大人も少なくない。

07

＼こうとらえてみよう！／
待てる大人が自発的な子を育てる

少年少女を指導している人に「困っていることは？」と尋ねると、第1位は「話を聞いてくれない」になることが非常に多いです。

私が巡回指導した学校で6年生を担当したのですが、こちらの説明をまったく聞いていませんでした。言われたこともまったく取り組みません。こういうとき、私は「はい、次、これやりましょう」と淡々とメニューを進めていきます。怒鳴ったり、叱ったり決してしませんし「やりなさい！」と命令口調で言うこともありません。どんな状況でも、終始問いかけます。

「これさ、もう1回やってみようか？」

6年生はやる気なさそうに「やらな〜い」と声を揃えて言いました。最後にいつものようにまとめの話をしました。その時間がどうだったのか。手短に伝えます。「注目してくださーい」「お願いだから、聞いてくださーい」

呼びかけても仲間同士のおしゃべりが止まらないので、少しだけ声のボリュームを大きくしました。

「みなさん、すみません。池上コーチ、これだけ言ってるのにどうして話を聞いてくれないのかな？」

すると、一瞬静かになりました。

「君たちはこういう状態をどう思いますか？　これでいいのかな？　一人ひとりが自分で考えないと、何も良くならないよ。やるのはみんなだよね？　先生や親から言われてやるんじゃないよね。どうかな？　このままでいい？　それとも、変わったほうがいいですか？　みんなはどう思いますか？」

驚いたことに、もっとも自分勝手にふるまっていた子のひとりが「変わったほうがいいと思う」と言ったのです。

「じゃあ、これからぜひがんばってね」

そのひと言で終わりにしました。こういったことを続けてみてください。子どもたちは間違いなく変わっていきます。**待てる大人が自発性の高い子を育てるのです。**

08

好きなようにやってごらん

【すき－な－ように－やって－ごらん】ポ

同自由にやってみて　自分の思ったようにプレーしてごらん

ミスをした、あるいは終わったプレーに対して自信がなさそうなときにかける言葉。「これでいいのかな?」「どうしたらうまくいくのかな?」と答えを求めるような顔つきの子どもに対し、「ミスしてもまったく問題ないよ。OKだよ」というメッセージを送る。

こうとらえてみよう！

「自分で気づく」成長を促す言葉

決して「勝手にしなさい！」という突き離した語感を伴うものではありません。**「失敗しても大丈夫だよ。気にせずトライしよう」という励まし**が根底にあります。

好きなようにやってみたらどうかな？　という問いかけにも似たものです。

「好きなようにやってごらん」と、練習や試合の最初にも私はよく言います。何度も話していますが、日本のコーチは「教えること」が指導だと考えている人が大多数です。

ピッチの外では「子どもに考えさせる」とおっしゃるのですが、ひとたび中に入ると「ここで走り込む」「ここでパス！」と教え込むスイッチが入ってしまうようです。

例えば、2対2の練習でも、こんなふうに攻めなさいと最初にパターンを教え込んでしまいます。そうではなく「どう攻めて、どう守るかは自分たちで考えながらやっていいんだよ。好きなようにやってごらん」と言って欲しいものです。

そうしないと、選手が自分で気づいて自分でトライするという成長のプロセスを踏めないからです。

私が所属する京都サンガで先日、4、5年生クラスの練習を指導する機会がありました。縦がおよそ50メートル、横が20メートルほどのかなり縦長なピッチで、4対4のミニゲームを行いました。4人なので、相当走らなくてはなりません。5分程したら、選手たちはハアハアと息を弾ませ、きつそうな顔になりました。

そこで私は「みんな、やってみてどうですか？」と尋ねました。「すごくきつい」「いっぱい走らなきゃいけないから疲れる」という言葉が返ってきます。「でも、試合ではもっと走るんじゃないの？」と私が言うと「そうかもしれない」と言います。

「他に何か気づくことはありますか？」

私の問いかけに選手は「ドリブルしてる場合じゃない」「もっとパスをしたほうが良い」と気づきます。

「自分で気づく」という重要な成長を大人が阻害してはいけません。ぜひ、そこを育ててください。

09

あわてないでやってごらん

【あわて－ないで－やって－ごらん】ポ

類ゆっくりやってみて　失敗しても大丈夫だよ

実力が上回る相手との試合で、思うように攻められない状況でかける言葉。劣勢になると、焦って頭の中が真っ白な状態になっているため、まずは落ち着かせること。試合途中に「あわてないで」と言っても、状況を変えることは難しいので、ハーフタイムに話したほうが良い。

こうとらえてみよう！ 問い続けて気づかせる

なかなかボールを持てず、守備に追われてしまっている状態で前半を終わったとしましょう。ハーフタイム、私は「バタバタしてるね？」と話しかけます。まずは、現状を選手に気づかせます。

すると、子どもたちは「だって、相手が速いんだもん」とか「ずっと攻められてるし」などとその状況を話すので、そこから対話をしていきます。

「じゃあ、攻撃になったときは、どんなプレーが多いかな？　例えば、あわててすぐ蹴っちゃうよね？　これをなくしてみたらどう？　みんなが、相手と味方をよく見てあわてないでパスを出したらどうなるかな？」

そんなふうに話をしていきますが、よく見ると子どもたちは個々で心の状態が違います。問いかけても反応のない子や、自分たちがあわてていることに気づけない子、もしくは完全にパニックになってしまいどうしたらいいかわからない子など、いろいろです。

時には、「おまえがあそこであんなことするから」とか、「あいつが」と、苦戦しているのを人のせいにし、子ども同士でもめることもあるでしょう。

そんなときこそ、**状態がどうなっているかを気づかせるため、ずっと問い続けます。**

「そんなふうに各々がミスしたからと怒り出すと、チームはどうなるの？」

「うまくいかないことばかり続いちゃうんじゃないの？」

「どうしたらいいと思う？」

ここで、ようやく、自分たちがどこを修正してプレーすれば良いかを考え始めます。

「とにかく、あわてないでサッカーしてごらん」

そこから、どんなことに気をつけるか、意見を集めていきます。**自分たちがあわてていること、パニックになっていることを認知できれば、子どもたちは落ち着く**のです。

強い相手とサッカーをすれば、大人でもバタバタします。決して「集中していないからだ」とか、「勝とうという気持ちが足らない」などという根性論にしないでください。

10

友達にきいてみたら？

【とも－だち－に－きい－て－みた－ら】問

類誰かに聞くといいね

説明された練習メニューがわからない。あるいはコーチの話を聞き逃した子どもへの対処法。「コーチ、どうしたらいいの？」と尋ねてきたら、こう声がけを。いちいち大人が説明せずに、仲間同士のかかわりを促すもの。聞いてきた本人はもちろんだが、他の子が困っている仲間に気づくようふるまうのがコツ。

こうとらえてみよう！

子ども同士のかかわりを促そう

学校という場所はいかにも集団行動が学べそうなのに、実はあまりそういう機会がないようです。

「友達と相談して」

「わからない子はわかる子に聞いて」

そんなふうに進める授業は実は少ないようです。３人組になるときにあぶれても、先生が足らないグループを見つけて連れて来てくれます。何か困ったことがあれば、常に大人が解決してくれます。

ですので、練習で「はい、３人組になって！」「５人グループになって」と言うと、必ず余った子が「僕は誰と組めばいいの？」と私のところへやってきます。グループができていない子たちが目の前にいるのに「誰かいませんか？」と助けを求めます。その子たちに「ねえ、〇〇君、入れて！」と言えず、「こっちだよ」の声を待つのです。拒まれるのが怖いのでしょうか。

照れくさい、恥ずかしがりやといった性格の子もたくさんいますが、ジュニア時代からこうしたコミュニケーションの芽を育てておくことは、現代の子どもたちには必要です。

ジェフ時代、コーチのミーティングで「ゴールしたり、アシストをするなど、良いプレーをしても喜びを表に出さない子どもが増えている」という意見が出されたことがありました。他のコーチも同じことを感じていたらしく、うなずいていました。

「そうだね。自分自身ができたことに対しても喜びを表現しないから、チームメートがいいことをしても喜んであげないよね」

私がそう話したのは、誰かがゴールを決めて喜んでいても、その子がガッツポーズをしているだけで、他の子は近寄ろうともしない場面をよく見ていたからです。

自分がやったことを喜べないと、仲間を祝福できません。**仲間のプレーを「ナイス！」「良かったね！」と一緒に喜ぶのは、他者を認める行為です。**「仲間とのかかわり合い」はチームスポーツであるサッカーではとても大切です。

11

いい質問だね【いい－しつ－もん－だ－ね】[ポ]

[類]よく考えたね　いいところに注目（着目）したね　視点がいいね

大人が説明した後や「わからないところは？」と尋ねた際に出てきた質問に対し返す言葉。子ども自身が「こんなときどうしたらいいのかな？」「これでいいのかな？」と自分で考えたものを評価したもの。ほめ言葉でもある。

こうとらえてみよう！

「自由度」を残す重要性

子ども自身が考えて出てきた質問なので、ごく単純なものであっても「いい質問だね」と返したいものです。

私がやるメニューで、走るのは禁止で歩いてやる「鬼ごっこ」があります。２人組になり、狭いエリアで大人数でやるのですが、他の人とぶつかったら10秒凍る（動いてはいけない）。そんなルールです。

その鬼ごっこのやり方を説明したときに、ある子どもが手を挙げて言いました。

「走ってダメなら、スキップはいいの？」

私は「ほう、いい質問だね」とほほ笑むと、その子はうれしそうでした。

歩く鬼ごっこなので、スキップも禁止であることを告げました。このことは、ほかの子どもも疑問に思っていたことかもしれません。みんながルールを確認できる良い質問だったのです。

これとは反対に、子どもが質問できない状況をつくってしまってはいないでしょうか。ルールや方法を細かく決めてしまうと、子どもが考える余地がありません。幾分か自由度を残すことが非常に重要です。

サッカーのみならずスポーツ自体、答えはひとつではありません。そこを大人が理解して指導しているチームは、何かを始めるときにたくさん質問が出るはずです。そして、そういった場面を増やすことが「選手に考えさせるコーチング」なのかもしれません。

ですから、「みなさんからの質問は受け付けません」とか「コーチに言われた通りにしてください」という言い方はやめましょう。

大人の考えや感覚を押し付けてしまうと、子どもたちは自分で考えようとしなくなります。

問題ないよ【もん－だい－ない－よ】ポ

類 心配ないよ　大丈夫

子どもが自分でプレーを選択し、やってみたけれど失敗したときに、かけてあげたいポジティブな言葉。ミスしたことについて「何も問題ないよ」と大人が安心させてあげないと、自分で考えてチャレンジしなくなる。日本の子どもは他国より自己肯定感が低いので自尊感情を維持するための言葉を高頻度で伝えたい。

12

こうとらえてみよう！

急がば回れ

ミスした直後にコーチや親の顔を見る子どもは、私が指導を始めた頃よりも格段に増えています。つまり「コーチ、こんなことやってもいいの？」と了解をとりたいのです。家庭や学校で、いいことをする、良い成果を出すことを、必要以上に求められているからだと感じます。

その際に叱ったり、否定したり、無視したりすると、その子はチャレンジしなくなり、無難なプレーしかしなくなります。具体的に言うと、前線への攻撃的なパスより消極的な横パスやバックパスになり、ゴールに向かうプレーをしなくなる。そうなると、なかなか上達しません。「今の子は自分で考えない」とか「消極的」などとぼやくコーチは少なくありませんが、自分の何気ない言葉が積極性を摘み取っていないか検証すると良いでしょう。

それとは逆に、ミスしても「問題ないよ！」「大丈夫だよ。次またやってみよう」とポジティブな言葉を投げかけると、さらに自分で考え始めます。

ミスしたプレーについて、大人は「こうしたらいいのに」と答えを持つため、それを教えたくなります。でも、大人は答えを持たないほうが良いと私は思います。**いつも答えを用意して教え続けていると、そのコーチの指導を受ける子たちはコーチの「答え以上」のプレーができません。**つまり、コーチの想像の域を超えることができなくなるのです。

コーチがそこをきちんと自分のなかで整理しなければ、子どもに伸びしろを持たせてあげられません。見た目はそれなりに上手くなっているように見えるかもしれませんが、型にはめたプレーになりがちです。

「急がば回れ」という言葉がありますね。上達させたければ、回り道をすること。**「問題ないよ」を繰り返し、チャレンジさせてたくさん失敗させてください。**

次は気をつけてみよう

【つぎ－は－き－を－つけて－みよう】ポ

同もう一度トライしてみよう
対それはダメ！
選手が自分で考えてやろうとしてみたものの、上手くいかなかった場合、その判断の内容を丁寧に聞きだしてアドバイスし再トライを促す。その際にかけるひと言。指導者サイドが、日頃から選手に考えさせる意識が低い場合は、再挑戦させずに違う方法をとらせることも少なくない。

13

こうとらえてみよう！ 選手がミスした後のひと言は？

例えば、カーブをかけて打ってみたけど、ゴールを大きく外れてしまったとき。多くの指導者は「この場合は、カーブかけるより、ドリブルでかわしてから打ったら？」とか「相手を抜いてからシュートすれば？」と、みなさん、なるべくゴールできる確率の高い方法をアドバイスします。

ですが、相手が強くなれば、常にドリブルで抜いてゴールキーパーと1対1の状態でシュートできるわけではありません。何よりも、どんな相手でも〝自分でプレーを判断する〟ことが必要なのに、大人は判断力を養う機会を子どもから奪いがちです。

こんな場合は、最初に問いかけます。

「カーブかけて打ちたかったの？」

「うん」

「カーブかけたいときはね、ゴールを目標にして見てしまうと曲がり過ぎることが多いよ。ゴールから少し外れたところを見たほうが枠の中に入るよ」

そんなふうにアドバイスします。すると、その場面でカーブをかけて入れようとしたその子の判断を否定することなく、次も自分で判断してトライしようとします。そこに成長が生まれるのです。

他にも、よくコーチが口を挟みたくなるのが「ドリブルかパスか」でしょうか。指導者が見てパスのほうが有効だったとしても、その子が「ドリブル（のほうが有効）だと思った」と言うのなら、「でも、結局ボールを取られたじゃないか」などと言わず、「だったら、相手に近いほうの足は使わずに、遠いほうの足を使うとボールは取られないかもしれないね」とアドバイスしてみてください。

選手がミスしたあとの、ひと言にコーチの力や指導の姿勢がくっきり表われます。「あーっ、それ、ダメじゃん」と、つい言ってしまったコーチの方へ。次は気をつけてみましょう。

14

楽しくないね？・【たのしーくーないーね】問

同良くないね
対面白いね

ミニゲームなどで能力差があるチーム編成にしてしまったことで、大差がついたまま続けているような状態を指す。参加している全員が楽しめず、なおかつそこに誰ひとりとして成長が望めない状況を指摘する言葉。何も考えずにプレーする、ミスを繰り返しても平気な選手にも。

こうとらえてみよう！「意味があるか？」という物差しを持つ

私の練習のほとんどは、勝ち負けを決める要素を含んだものです。そのなかで、いつも同じ子と対戦したり、力量差のある子ばかり相手にしているときにはこう言います。

「それは楽しくないよね」

もしくは、問いかけてみます。

「それで楽しいかなぁ?」

ずっと勝っている側は「楽しい！　だってずっと勝てるから」と言うかもしれません。ずっと負けている側にも尋ねてあげましょう。恐らく、楽しくはないでしょう。そこでマッチングを変えたり、他のやり方で工夫してあげてください。例えば、コーンにボールを当てるゲームをするとします。近い距離で延々と行い「やった！　10回中10回成功。パーフェクト！」と喜んだりします。そういうとき、私は近づいて「そんな簡単なことやって、楽しいかなぁ」と話しかけます。

反対に、あまりに距離が長すぎてまったく当たらない。自分たちの能力に全然足りないことをやっているのではないかという気づきが、このどちらにもありません。**何も考えずにやっても意味のないようなやり方では、実は楽しくないのです。**

私が小学校の授業などでよくやるメニューに「女子が入れたら1点。男子が入れたら0点」というミニゲームがあります。男女別々に動きがちな高学年で行いますが、男子ばかり集まって0点のまま延々ゴールをして喜んでいたりします。

「それは楽しくないね。自分ひとりが楽しければいいの？　みんなが楽しくなる方法を考えようよ」

そんなふうに声をかけます。それが意味があるかどうか？　という物差しになる言葉にもなります。

家庭でも「楽しいこと」がどんなことなのか、親子で同じような価値観を持てると良いですね。

15

やってみたら？・【やって－みた－ら】ポ

同トライしてみよう

池上さんの指導でよく登場する。子どもが自分で考えてやろうとしているときに、背中を押してあげる言葉。なかなかうまくいかない難しい練習で「こんなことできない。無理だよ」とあきらめかけているときにも声をかけてあげたい。その際「失敗してもいいよ」や「できなくても大丈夫」と安心させるのがコツ。

こうとらえてみよう！

大人のマインドを伝える言葉

フェイントの技術練習のために、コーチが最初にデモンストレーションをしたとします。すると、数回やってデモ通りにできないとあきらめてしまう子が少なくありません。できないことに耐えられないようです。

意外に子ども側は「完成されていないとダメなんだ」と決めつけてしまいがちです。そんなときは、「ここはできてるよ」と、マスターできている部分を見つけて知らせてあげると良いでしょう。

なかなかチャレンジしない子どもの姿の背景には、**常に良い出来栄えや結果を求められ、それを達成しなければ認められないような教育現場や家庭での子育てのひずみがある**ような気がします。

「うちの子はチャレンジしない」とか「あの子はトライしない」と、その子の個人的な資質としてとらえるのではなく、大人のかかわり方を振り返ってみてください。練習や試合、日常生活の中で、大人たちが「やってみたら？」「失敗してもいいから、やってみようよ」と頻繁に声をかけることで、子どもは変わっていきます。

「やってみたら？」は短い言葉ですが、大人たちの「挑戦することに意味があるよ」というマインドが伝わるはず。子どもだけではなく、出来栄えばかりが気になって簡単な練習しかしない、試合の勝敗ばかり気にしている大人にもかけてあげたい言葉です。

こんな話があります。試合終了前、2対1で勝っていたほうが点を決めて3対1になった。入れた子がボールを持ってダッシュ。センターサークルにボールを置いて「もう1点取るぞ！」と叫んだ。すると、ベンチにいたコーチが「ダメ押ししたんだから、おまえが（ボールを）持ってくることないだろう」と叱ったそうです。

子どもから「逃げ切るぞ」と言われるより、私は「よし、1点取るぞ！」といって3対1が4対1になってくれるほうがうれしい。もし、おごり高ぶりがあって1点取られてしまって「わっ！　同点になっちゃった」となっても、すごくいい勉強です。

私たちは指導者として、何を子どもに伝えるかを考えておかなくてはいけません。

大丈夫ですか？

【だい－じょう－ぶ－です－か】問

類このままでいいの？

選手が集中できていない、もしくはボーっとしている。恐らく自分でも何をしているかわかっていなさそうなときにかける言葉。多くの子どもは、ハッと我に帰ったり、そのときに取り組むべきことを自分がやっていないことに気づいてやり始める。本当に大丈夫ではなさそうな子どもも、年齢が上がるとそれなりになる。

16

こうとらえてみよう！

子どもを自立させる装置とは

子どもが練習中にふざけていたり、集中できないとき、ほとんどの大人は「何やってるんだ！」とか「集中しろ！」などと叱ります。もっと感情的になると怒鳴ることもあります。

そういった指導を続けていると、刺激を与えなければプレーに専念できない子どもになってしまいます。失点して負け始めたり、うまく攻撃や守備ができないとベンチを見るといった状態になるのです。

そこで、「集中しろ」といった命令形の代りに、「大丈夫ですか？」とか「君たち、このままでいいのかな？」と問いかけましょう。

「大丈夫？」とコーチから尋ねられた子が実際にすぐに集中するようになるかと言えば、そうではないかもしれません。でも、「気合入れろ」と怒鳴ったところで、自分から集中する子にはなりません。どちらを選択しても同じ結果だとしたら、子どもが自分で気づける道を用意できる「大丈夫？」を採用したほうが、成長の可能性は高くなります。

「大丈夫？」と気づきを促したとしても、子どもだって調子が良いときと悪いときがあります。何をしても、どんなメニューに変えてもなかなか集中できない。そんな日もあります。そんなときは、私はこう言います。

「今日は集中できないね。もう帰っていいよ。次、またやりましょう」

すると、子どもは焦ったような顔で「コーチ、やります。僕、真面目にやります」と言ったりしますが、多くの場合、私はここで練習をやめて帰らせます。

ところが、ほとんどの方は「気合入れろ」「次、集中してなかったらやめるぞ」と怒ったりします。

この違いは「スポーツをどうとらえるか」。この価値観の違いで、使う言葉が分かれると私は考えています。

例えば、スポーツは、楽しむもの、成長させるもの、子どもを自立させるもの。いろいろ出てきます。**無理にやらせることで、サッカーが楽しいと思えません。ということは、本当の成長はありません。**子どもを自立させる装置も、そこには存在しないのです。

17 ほかのやり方はないのかな?

【ほか－の－やり－かた－は－ない－の－か－な】問

同 違う方法を考えてみない?
類 それればかりやって面白い?

選手を思考させる言葉。つい同じプレーを選択してしまう選手にかける言葉。ドリブルが得意な子はドリブルで、パスが好きな子はついパスをしがち。もしくは、よりベターな方法がある場合にも声がけを。ゴールを奪うには、たくさんのオプションがあることを伝えたい。

こうとらえてみよう！

選手を「思考させる」指導者に

選手のプレーの幅を広げてあげるお手伝いが、指導者の役目です。その役目を果たすには、**選手に自分で「気づかせる」テクニックを持たなくてはなりません。**ただし、テクニックと言っても、特段難しいものではありません。

「他のやり方はないのかな？」

「違う方法はないのかな？」

と、声をかけてください。疑問形ですが、言葉での答えを求める必要はありません。いつも問いかけて考えさせる指導をしているほうが教えている子どもなら、言われただけで気づくはずです。「コーチは、他のプレーも試してみようよと言ってるんだ」と。そして、考え始めます。

プレーの選択場面はさまざまあるでしょう。得点するために、ドリブルばかりしていた子はパスを考えるかもしれません。サイドにパスをした子が、前線にいるフォワードの裏へのパスを考えるかもしれません。近くにいた味方とのワンツーかもしれません。

選択は何でも良いのです。大事なことは、漫然と同じことを繰り返したり、何も考えずにただボールを追うのではなく、どんどん違うことを自分で考え出して、それにチャレンジすることが重要なのだ——そのようなメッセージを送り続けることです。

みなさんが考える「良い指導者」はどんなコーチですか？　私のイメージは、**常に選手を思考させることのできるコーチが、良い指導者です。**凄く強いチャンピオンクラブでも、そのような指導ができていないチームは、残念ながら少なくないようです。

私も子どもたちに「他のやり方は？」と問いかけます。「他のプレーは？」とか「他の選択は？」といった表現もありますが、方法とか「やり方」のほうが、ニュアンスが伝わるような気がします。

ご自分がいつも使う言葉を見直し、小学生に伝わる「他の言葉はないのかな？」と考えてみてください。

18 自分だけ楽しければいいの？

【じ－ぶん－だけ－たの　し－けれ　ば－いい－の】問

類ほかの人が楽しくないよ

みんなが楽しくなるにはどうしたらいいいと思う？

主に、チームのエースや力の抜けた子どもが、ひとりでゴールし続けるといった状況でかける言葉。サッカーはチームプレーだということを理解させるうえ、みんながかかわってプレーしたほうが、仲間全員が楽しくハッピーになるという感覚にたどり着く。

こうとらえてみよう！

「楽しませる」は、「プレーの幅を広げる」

「チームプレーをしましょう」

単にそう呼びかけるよりも、表現が具体的です。君は楽しいかもしれないけど、君の仲間は楽しめているかな？　そう問いかけると、「そう言えば……」と子どもは考え始めます。**自分の姿を考え直すきっかけになる言葉です。**今の子どもたちは、自分ひとりだけで遊ぶ環境や、ツールが増えています。ゲームや、中にはすでにスマートフォンを与えられている子もいます。

そもそも、社会全体が個人主義に走る傾向があり、自分が良ければいい、といった価値観が植え付けられやすい環境にあるようです。そんな社会を鏡のように映すのが、子どもの姿です。

ゴールしたらひとりで喜んで終わり。パスしてくれた仲間のところに行かなかったりします。自分がやりたいことしかしない。仲間のカバーに走ったり、他の子に点を取らせようと工夫することもできません。そんな子どもたちの視野を広げるために「自分だけ楽しかったらいいの？」「他の人は楽しんでる？」と問いかけます。

そうすると、ほとんどの子は首を横に振ります。すぐには変わりませんが、少しずつチームプレーに目覚め、プレーの幅が広がってきます。教えている集団にそういう子が目立つ場合や、必要だと考えれば、そういった声がけとともにメニューを工夫します。例えば、人とのつながりを感じられるメニューを徹底させます。「勝手なプレーをするな！」などと怒ったりせず、**自分を省みる問いかけをしつつ、練習の中で「仲間とサッカーを楽しむ喜び」を体感させます。**

私が教えた中で、最初は自分でもっていくばかりでゴールしては親のほうを見てガッツポーズする、といった子がいました。ですが、半年、1年とやっていくうちに、そのような態度が消えたばかりか、臨機応変にパスを出すし、ワンツーも狙う、仲間にゴールも取らせるというふうに変貌しました。

「サッカーを楽しませる」

このことを追求するには、きちんと意味があることをぜひ理解してください。

どんな感じ？・【どんな-かん-じ】問

同どうだった？

類うまくいってますか？

プレーや試合の状況を考えさせたいとき、もしくは、提供した練習メニューが子どもたちにどの程度受け入れられているのかを尋ねるときに使う言葉。感想を聞くことで、その練習がフィットしていたかをチェックできるうえ、子どもは答えることで振り返る力や物事を整理する力が育つ。

19

こうとらえてみよう！ 実のある練習にするために

私が子どもを指導するときに、もっとも多用するのは「ナイス！」とか「いいね！」というほめ言葉。

そして、その次くらいによく使うのが「どうだった？」や「どんな感じ？」などの問いかけでしょう。相手が子どもでも、中高生や成人であっても、練習中に私はよく尋ねます。「どう？」というニュアンスは、その練習が難しいか？　楽しいか？　役立ちそうか？　など、さまざまな視点で聞いています。

そのように尋ねる指導者はあまりいないようですが、フィットしているかどうか確認できますし、**訊かれる選手側に「コーチは自分たちの意思を尊重してくれている」**と伝わります。つまり、トレーニングを一方的にやらされている感覚ではなくなります。例えば、ボールコントロールの練習をしているとします。正方形の四隅にマーカーを置き、その近くに子どもを立たせます。そのマーカーをディフェンスに見立ててのパス回しです。最初は何も言わず自由にやらせます。しばらくしたら声をかけます。

「ディフェンス（マーカー）より、遠いほうの足でコントロールしてごらん」

しばらくしたら、また声をかけます。

「（遠いほうの足でコントロールするのは）どうでしたか？」

すると、何人かが答えます。

「受けるときになると、どっちが遠いほうかわからなかった（混乱した）」

「右と左（足）、どっちにしようかって迷った」

そこで、私は言います。

「立つポイント（場所）で、遠いほうの足は違ってくるよ。自分がどこにいるか、相手がどこにいるかを感じながらやってみよう」

その中で、選手は「相手より遠いほう（の足）でコントロールすると、体でガードできるから相手には取られないのかな」などと理解していきます。

コーチと選手のキャッチボールがあってこそ、実のある練習になります。

20

どうすればうまくいく？

【どう－すれば－うま－く－いく】問

問さあ、どうする？

指導の基点になる問いかけ。子どもとの対話の中で、うまくいく方法を見つける手助けをするのが、指導者の担う最大の役割。子どもが自分で考えついた方法でうまくいけばほめる。できなければ違う方向に導く。そのような上達への道を拓く言葉。答えが出なければ、同じことに再挑戦するなどして待つ。

こうとらえてみよう！

子どもの心に火をつける方法とは

凡庸な教師は、ただしゃべる。
良い教師は、説明する。
すぐれた教師は、自らやってみせる。
そして、偉大な教師は、子どもの心に火をつける――。

以前、私の指導を取り上げてくれた番組の冒頭で、俳優の方が伝えた、米国の教育者ウィリアム・アーサーワードの言葉です。

アーサーワードの言葉を借りれば「ただしゃべる」「説明する」教師は、凡庸でまあまあ良い教師。要するに「教え込む」人たちのようです。

サッカーの世界にも、それが指導者の姿だと思われている方がまだまだ多いようです。子どもの自主性に任せると言いながら、「教えなければ」とついつい手とり足とり……となってしまいがちです。ですが、ぜひアーサーワードのいう「偉大な教師」を目指してください。

私の指導は「楽しませる」がモットーですが、その部分だけを切り取る方がいて、「楽しいだけで上手くなりますか？」と言われたりします。

楽しいだけでは上手くなりません。でも、楽しませないと上手くなりません。では、楽しい以外に何が必要か。それは、**選手の心に火をつけることです。**火をつけるには、熱中できるメニューを提供します。熱中させるには、自分の引き出し（メニュー）をたくさん持っていて、そのときのその子たちに合った練習をさせられるか。工夫できるか。そこが鍵になります。

やってみて、合わないな、楽しんでないなと感じたら「どう？」と子どもに聞いて、その答え次第で他のメニューに変えれば良いのです。適切な練習メニュー、適切な声がけ。それに楽しめる空気があれば子どもは必ず伸びます。だらけているわけでなく、かといって絶対萎縮させない、集中できる雰囲気です。そのために、指導者は勉強することが必要です。決して無駄に厳しくしたり、不安を煽って奮起させることではありません。

「どうすればうまくいくかな？」

この言葉を、ぜひ自分にも向けましょう。選手と一緒にサッカーを考え、学んでください。

どうしてできないの？

【どう－して－でき－ない－の】問

同なんで同じ失敗するわけ？悪い例。要領を得ない子どもに対してよく出る言葉。練習で何度かデモンストレーションもしたのにできないときなどに、つい言ってしまう。ネガティブな意味合いなので、詰問調になりがち。できない子のせいではなく、自分自身が要領をうまく伝えられていないことを振り返れない大人に多い。

21

こうとらえてみよう!

指導者のスキルが上がる時間

決して真似してほしくない「良くない声かけ」のひとつです。

「どうしてできないの?」とか「なんで、できないかなぁ」などと、子どもに言ってしまう指導者は多いようです。

例えば、守備に戻る際にボールを見ながら下がるといった、大人から見ればごく簡単そうなことでも、学年によってできる子とできない子がいます。

低学年になればなるほど、個々の成長にばらつきがあるし、サッカーに対する認知度(サッカーのやり方やルールへの理解)が高い子もいれば低い子もいます。

そのような基本的なことをわきまえないまま、つい「こんなに言ってるのに」とか「何度もやって見せたのに」と子どもを責める気持ちになっていないでしょうか。

要領の悪い子こそ、私たち指導者のスキルを上げてくれる「先生」になってくれます。

「この子はなぜできないのかな?」とじっくり考えてみるべきです。**伝える言葉をもっとかみ砕いてみよう、言い方を変えてみよう、などと大人のほうが工夫しなくてはいけません。**その時間の積み重ねこそ、みなさんのキャリアアップになります。見ているチームの勝ち星の数などではありません。

「できないことは責めません。やろうとしないことは叱ります」とおっしゃるコーチもいますが、それとて「なぜやろうとしないのか?」を考えるべきです。

それなのに「どうしてできないの?」「やろうとしないの?」と言ってしまうコーチは、どんどん子どものせいになっていく傾向があります。

「ちゃんと聞いてたのか?」
「ちゃんと見てたのか?」
「おまえはいつもそう」
「だから、ダメなんだ」

このような言葉は、聞いているほうも辛くなってきます。

選ぶのは君だよ

【えら―ぶ―の―は―きみ―だ―よ】ポ

同 自分で決めてごらん
類 どうしたいですか？

どんなことでも、物事を決めるのは自分自身だという真理を伝えるとともに、「自分で判断していいんだよ」と子どもを安心させられる言葉。ただし、必要以上に厳しい口調では逆効果になる。自己主張が恥ずかしかったり、自信のない子に対し、強い口調でたたみかけるものではない。

22

こうとらえてみよう！ 「ほう、そうきたか」と思えますか？

「今、どこ、見てた？」

コーチが選手によく問いかける言葉です。間違ってはいないのですが、この質問をするとき、大抵の大人は自分の中に答えを持っています。

（左のスペースのほうが完全に空いていたのに）とか（自分の前がガラ空きだからシュートが打てたのに）という具合にです。このように多くの指導者は答えを持っていて「こうしたほうがいいよ」と子どもに道を示します。

ただ、それが本当にいいのかは、実は誰にもわかりません。欧州でも「ベストな選択なんて誰にもわからない」という考え方なので、ユースチームを連れて来日したコーチたちは、日本の指導者が「今のは右だろ！」と指示していることに大変驚きます。コーチが答えを持っていると、選手はそのコーチの想定内の範囲のプレーしかしないし、想定内までしか伸びないことを彼らは知っているからです。

一方で、「うちは選手主導でやっています」と言いつつ、選手が自分の判断でやってミスしたら「違うだろ」と怒るコーチもいます。入り口のところは選手主導のように見えても、最終的にプレーを決める（ジャッジする）のは大人になっています。

「選ぶのは君たちだよ」と、選手主導であることを伝えたのなら、何があってもブレないことです。自分で判断したけどミスになったなら「じゃあ、どうしますか？」と問いかけます。意見を聞いたうえで「こういうやり方もあるよ」と情報を渡します。

つまり、引き出しを増やす手伝いだけすればいい。ピッチの上でどの引き出しを開けるかを「選ぶのは選手」なのです。開けた引き出しが指導者の想定と違っていたら「ほう、そうきたか。なるほど」と思っていればいいことです。

何より、選手ができることを増やすのがコーチの役目であると考えてください。

23 コーチが決めて【こーちーがーきめーて】子

類 考える習慣がない　考えるのが面倒

ミニゲームの際のチーム分けや、３人組、４人組といったグループをスムーズにつくれない場合、子どもたちが自分たちで解決することをあきらめたときに発する言葉。言われた大人は、自分たちで考える、解決するといった能力の欠如を思い知らされる。気づかない大人も少なくない。

こうとらえてみよう！

「自分で考えない」大人の予備軍

以前、20代の若いコーチと接したときにふと気づきました。その彼は、私や他のスタッフが何を言っても「ハイッ！」と明るく返事をしました。

「君はさあ、今言われたこと、ちょっとわかりませんとか、もう一度説明お願いしますとか、この部分はどうしてですか？　なんて聞き返すことがないよね。わからないことはないの？」

私が尋ねてみたら、こう言いました。

「高校時代、サッカー部の先輩で、何かわからなくて聞き返すとすぐに怒り出す人がいました。それ以来、怒られたくないので、わからなくてもつい返事をしてしまう癖がついてしまいました」

これは、子どもに対して大人が気をつけなくてはならないことでもあります。「わかった？」とよく大人は尋ねますが、子どもは「わかりません」と言うと「ちゃんと説明を聞いてないからわからないんでしょ！」と叱られてしまうので、絶対「わからない」と言いません。わかりませんと言えば評価が下がる。沈黙しているほうがマシだと学んでしまうわけです。

その子たちはもしかしたら、前述のように**わからないのに「ハイッ」と返事をしてしまう大人の予備軍**なのかもしれません。上司が間違えていても意見できないし、理不尽な仕打ちを受けても怖くて言い返せない。言われたことしかできないし、やらない。このことはサッカーをする子どもにすでに表出しています。練習中に、自分たちでチーム分けをしてねと頼んでも、サッとできません。上手い子とそうでない子、もしくは同じ学校とか同じエリアの子など、偏ったチームしかつくれません。「アイツと一緒は嫌だ」「強い人と一緒がいい」と、いびつな関係性があらわになります。ガキ大将のような強い力を持っていたり、理論的に仲間を説得できるリーダーも存在しません。そして、すぐにこう言います。

「コーチが決めて」

こう言われたら、危機感を持ってください。自分たちで考えて動ける力をどうやって持たせたらいいか。そのヒントは本書で探してください。

勝ちたくないの？

【かち―たく―ない―の】問

類勝っても負けてもどうでもいいの？

みんなで作戦を考えようと促しても取り組まないようなときに、大人が問いかける言葉。今の子どもは、自分たちよりも相手が強いと分析してしまうと、本気で戦おうとしない。返って来る言葉は「だって、どうせ勝てないもん」が多い。あきらめて本気で戦わないのは、フェアプレーとはいえない。

24

こうとらえてみよう！ 負けている時間に立ち向かうメンタル

先日、スクールで未就学児の指導をしていたら、ミニゲームでプレーしていた子どもがコートの中から私に尋ねました。

「コーチ、いま、何対何？」

私が「知らないよ」と答えたら、「えーっ」と驚いたような顔をして言いました。

「コーチなのに、どうして数えないの？」

思わず苦笑しましたが、実は笑ってはいられません。自分たちがやっているゲームで点数を数えていないということは、**今勝ってる、負けている。追いついた、ということに敏感ではない**ということです。これでは、**負けん気が育ちません。**ということは、負けたら悔しいから次に頑張ろうとか、逆に勝つと良い気分だからまた勝てるように練習を頑張ろうといったモチベーションも湧きづらいのではないでしょうか。

一方で、チームの中でもうまい部類の小学3年生も、同じことを聞いてきました。

「コーチ、いま、どっちが勝ってるの？」

ひとりでドリブルで抜いてゴールを決めることだけがうれしくてサッカーをやっているように見えます。自分が活躍できれば、何点失点して負けているといったチームの勝ち負けは、この子には関係ないように見えます。

「勝ちたくないの？　ひとりでいけたら（抜いていけたら）、それでいいの？」

そんなふうに問いかけて考えさせます。

ミニゲームでも2点差以上離されると下を向いてしまいます。「どうしたら勝てるか話し合おう」と促しても、黙っています。そこで「みんな勝ちたくないのかな？」と聞くと「だって、相手が強すぎる」とか「どうせ勝てないし」と言うのです。

サッカーに限らず、日本のスポーツのトレーニングは、勝ち負けを争うメニューが少なすぎると感じます。以前は、子ども時代にめんこやベーゴマ、鬼ごっこと勝ち負けのつく遊びをたくさんしていましたが、今はテレビゲームで負けそうになったら強制終了できます。「**負けている時間」に立ち向かえるメンタル**を育てましょう。

助けてあげたら？

【たす―けて―あげ―た―ら】問

同サポートに行こう　カバーしてあげたら？　困ってるみたいだよ　一緒にやったら？

練習中など、どうしたら良いのかわからなくて困っている子どもがいたときなどに、他の子に働きかける言葉。試合中上手な相手にたびたび抜かれてしまう子がいるのにカバーに行かないといった状況でも声をかける。

25

こうとらえてみよう！

ピッチ内外で磨きたい感受性

日本の子どもたちには「自分がわかっていたらそれでいい」といった個人主義的な態度が見受けられるようです。自分の周囲はどうか？　仲間たちが困っているのか、いないのか。そういったことを感じられる子どもでなければ、サッカーはできません。

なぜなら、サッカーは自分のマークでなくても、味方がやられそうならそのピンチをカバーする。もしくは、自分がゴールを狙えそうでも、さらによりゴールの確率の高そうな場所に仲間が飛び込んでくればパスを出す。そのような「気づき」が求められるからです。

この「気づき」のトレーニングは、ピッチの中でも外でも日常的に用意されています。例えば、日本のある育成年代のクラブがドイツ遠征をしたときのことです。帯同したスタッフによると、移動中のバスにゴミが落ちていても誰も拾わない。グランドの中で荷物や道具がバラバラに置かれていても誰も整理整頓しようとしない。試合中も含めて、「周りをどう感じるかという能力が非常に劣っている」とスタッフは感じたそうです。

「試合中も含めて」というのは、例えば、相手のアタッカーが非常にスピード豊かな選手で味方のディフェンスがひとりではなかなか止められない。その場合、近くにいる選手が状況を感じて少しポジショニングをずらしたり、カバーに行ってあげれば済むのに、そういったことに気づかなかったと言います。

「一事が万事」という言葉がありますが、**ピッチの外で感受性が働かせられないのなら、プレーも鈍感になってしまう**ということです。もちろん、ごみが落ちていることに気づいていても、拾ったり片付けるということを「自分はやらなくていいこと」という意識なら同じことです。ピッチの中でも「自分のミスじゃない。他の人のミスだ」と考えてしまうでしょう。

「サッカーは子どもを大人にするスポーツ」という言葉は、単なるイメージだけで語られてはいないのです。

26

ボール見ろ！【ぼーるーみーろ】命

低学年の子どもが守備につこうとしたとき、相手が蹴ったボールが背中に当たってしまう。そんな場面についうっかり出てしまう言葉。アドバイスとして間違ってはいないが、正解でもない。ボールより相手を見たほうがベターな場合もある。言い過ぎると、ボールばかり気にして全体に視野を配れなくなる。推奨形は「状況を見よう」。

こうとらえてみよう！

小学生は頭を疲れさせて

「ボールを見なさい」という指令は決して間違いではありません。ボールの動きがわからなくては、守備や攻撃にかかわることは難しいことです。

ですが、守備のときは動いている人間を見逃してはいけません。一番良いのは、ボールもマークする相手も一緒に視界に入れることですが、そのどちらからも目が離れる瞬間はどうしても出てきます。

ですので、ボールを見ていない子に対しても「ちゃんと状況を見よう」とか「ボールも相手も見たかな？」といった声かけをしてあげると良いでしょう。そうすれば、ボールだけを見る、マークマンだけを見る、といったどちらかに偏ることなく、「今どういう状態なのか」を注意深く考えるようになるはずです。

このように、その都度変わっていく状況をわかろうとする意識は非常に大切です。そこに敏感でなければ、攻守の切り替えが速くできません。

「相手より速く攻める」
「相手より速く守備につく」

というふうに、**先手を打つ意識を持つ**必要があります。

それには、ミスに一喜一憂しないことです。パスミスをすると、コーチが怒る。選手もコーチの顔を見ながらうなだれる。ガクッとしている間に相手から攻められます。

ところが、日本のサッカーは全般的に「切り替えが遅い」と言われます。それは、**ひとつのミスにベンチも選手も一喜一憂する少年サッカーの良くない**習慣も影響していると思われます。

そういったことに意識を持てる子は、**試合後「頭が疲れた」**と言います。持久力や脚力はもっと大きくなってもつきます。**小学生の間こそ、ぜひ頭を疲れさせて**あげてください。

切り替えろ【きり－かえ－ろ】命

同切り替え早く！

攻撃の途中でボールを奪われたとき、相手のボールを奪ったときなど、攻守が入れ替わる際にコーチがかける、もしくは選手同士でかけ合う言葉。ミスをして落ち込んでいる子にも。声がけをされなくても、自分たちで動けるのが望ましい。敗戦翌日の通勤中、大人たちが自らに言い聞かせることも。

27

こうとらえてみよう！

日本のサッカーが切り替えが遅い理由

Jリーグを視察したハリルホジッチ監督が「日本人は切り替えが遅い」と指摘していました。私個人としては以前から感じていたことですが、日本のサッカーは伝統的に攻守の切り替えのスピードが遅いようです。

素早く切り替えられない理由は、育成期からの練習に問題があると考えています。例えば、守備は守備の練習、攻撃は攻撃の練習というふうに、時間を分けてしまってはいませんか？

これは、例えばひとつのグランドで低学年と高学年が一緒に練習しなければならないといった環境もあるのですが、多くは指導者サイドに攻守の切り替えを経験できる練習メニューをやらせなくてはという意識があまりない点が影響しているようです。

もし守備を重点的にやりたいと思っても、両方にゴールをつけ「ボールを奪ったら一次攻撃までやる」といったルールでトレーニングを行えば良いのです。それなのに、「守備の練習だからボールを奪ったら外に蹴り出しておしまい」といったパターンが多いようです。

アタック練習も、順番に並んで前の人が終わったら次の人がボールを受けてドリブルしてシュート、といったやり方です。コーチは並んでいる選手に「準備しとけ」とアドバイスをしていますが、サッカーの中でじっと立ったまま準備をする場面はありません。

ぜひジュニアの時期から、ボールを奪ったり、奪われたりする経験をたくさんさせましょう。奪ったら全員で攻める、奪われたら全員が一目散に自陣へ戻る、もしくは戻りながら相手のボールを狙うことを徹底させましょう。

最終的には、コーチに「切り替えろ」と言われる前に、選手がサッと動く。そんな姿を目指してください。

何回外してるの？

【なん－かい－はず－し－て－る－の】問

回何回外せば気が済むんだ！

どうして決められないの？

子どもがシュートを外したときに、大人が半ば腹立ち紛れで発する言葉（どちらかといえば愚痴）。多くはGKとの1対1。質問する形をとってはいるが、〇回外しましたという答えを望んでいるわけではない。言われた子は萎縮してしまうだけで、コーチング効果は望めない。

28

こうとらえてみよう！

意外と知らない「シュートを外す理由」

シュートを外すのは、選手のせいではありません。なぜ決められないかを、みなさん意外とご存知ありません。**ＧＫとの１対１が決まらないのは、普段の練習でそういった場面を設定してやっていないからです。**

高校からサッカーを始めた私は大学時代、ＧＫとの１対１でのシュート練習をよくやらされました。よく外していたからです。

練習すれば、同じ状況で自分がどういう形で持ち込めば高い確率で決められるかがわかってきますし、バリエーションも広がります。必ず入るようになります。

キーパーは手が使えて守備範囲が広くなります。ひとつの提案として、３対１で鳥かごなどボール回しをする際に、ディフェンスのひとりはＧＫのように手を使って良い、というルールにすれば良いでしょう。

そういう練習をすると、手を使える相手にボールを取られないようパスをするタイミング、距離感などがわかってくるでしょう。逆にキーパー側からしても、フィールドの選手との駆け引きのトレーニングになります。

そういった練習をしないまま、「キーパーとの１対１を外すのは、メンタルが弱いからだ」と決めつけていませんか？

もし、そのような練習をしていても、外すことはあります。そういうときは、「大丈夫だよ！」と言ってあげることです。選手がミスした際に怒ることを続けていたら、いつまでも外し続けるか、怒られるのが嫌なのでシュートしなくなるかのどちらかです。

進歩しないことを子どものせいにしていませんか？いつも話していることですが、**大人が変われば、子どもも必ず変わります。**

29

首振って！【くびーふっーて】命

同周りを見て！　よく見てる？

視野の確保を呼びかける際に指導者がかける言葉。選手がその場面で首を振って何を見るか（どの情報を入れる必要があるか）を理解していない段階では、もう少し具体的な声がけが必要。「右側は見えていたかな？」「左サイドはどうなっていたかな？」などと選ばせ、何を見るかを伝える。

いものです。

こうとらえてみよう！

サッカーの認知度を高めるには

小学生をはじめとした育成期の指導では、コーチはできるだけ抽象的な表現でなく具体的な声かけを心がけたいものです。

「首を振りなさい」は、私が選手の頃からずっと使われている声かけです。視野を確保することを気づかせるアドバイスは悪いことではありませんが、育成期、こと小学生に対しては、そこでどんな情報を取り込むべきかという部分をまずは理解させておかなくてはなりません。「君は今、そこで何を見ますか？」ということです。

私は、サッカー先進国に比べて、日本の子どもたちに圧倒的に足らない要素が二つあると考えています。ひとつは、**全体のバランスを考えて動く空間認知の能力**。そして、もうひとつは、**パスを誰にどのタイミングで出すかという判断力**。つまり、「サッカーの認知度」を上げなくてはならないのです。

でも、現実には、その二つを磨く指導はなされていません。例えば、サッカースクールの練習風景を見ていると、低学年はだいたいドリブル練習からスタート。その次にミニゲームをすると、子どもたちはドリブルしかしません。私の個人的な考えですが、子どもは遊びの中でドリブルは黙っていてもやるのではないでしょうか。

ですから、コーチが指導するトレーニングの時間では、「ここに味方がいるよ。パスができるよ」と教えてあげると良いでしょう。そういった指導を継続している指導者のもとに、認知度の高い子が育ちます。

「あの子、サッカーをよく知ってるね」

サッカーの認知度の高い選手を、私たちはそのような表現で評価します。**評価される子はみんな自ら首を振り、良いタイミングで良いパスを送り、スペースを埋める動きをしたり、味方を生かすためにスペースを作る動きを**します。ただし、日本にはそういう子が少なすぎます。視野の確保についてもっと知恵を絞りたいものです。

30

ボールがもらえますか？

【ぼーる－が－もら－え－ます－か】問

同ここにいてもらえる？　どこで受けるの？

ボールを保持しない間、自分がどう攻撃にかかわるかを考えるよう喚起する言葉。次に起こること（展開すること）を予測して、自分が何をすればいいかを注視させる。スペースを見つけたり、味方の動きを感じる力を養うことが重要。中学生以降は、「かかわれ」といった声が増える。

こうとらえてみよう！

考えるベースを伝授する

小学校低学年の試合を観ているると、まったくボールに触れずにいる子がいます。プレーしたくないわけではないのですが、何となくゲームの流れに乗れない。もしくは、自分からボールがもらえる位置に動かない。サッカーの攻撃の組み立てのイメージを持っていないと、そんなことになってしまいます。

そういう子に「もっとかかわろうよ」とか「攻撃参加して！」といっても、なかなか解決できません。コーチがかけている言葉が抽象的すぎるからです。

「子どもたちに考えさせましょう」

私はそう言い続けていますが、「考えるベース」のない子に言い続けても、進歩は得られません。「かかわろうよ」は、それとよく似ています。まずは、考えるベースを与えること。そのためには、**自分で攻撃参加するためのイメージを持てるよう、順序だてて言葉がけ**をしましょう。

例えば、中央で味方がボールを保持した状態で、自分はサイドにいる。でも、味方から見えないブラインドに立っているため、発見してもらえない。それなのに、まるで「僕のポジションはサイドハーフだからここにいます」と主張するかのように、じっと立っています。

そんな子を見つけたら、私の場合は以下のような順番で声がけします。

①「どうして、ここにいるの？」

君は今、ピッチにいて、どう攻撃にかかわろうかと考えていますか？　という気づきを喚起します。

②「ここで何をしようとしていましたか？」

パスをもらえるよう、サポートできていますか？　そのポジションで大丈夫ですか？

③「よく見てごらん。ディフェンスの陰に隠れてるよね？」

少し立つ位置をずらしたらどうか？　2歩動くと、君自身もボールが見えるし、味方も君が見えるよ——そんなことです。ぜひこのようにやってみてください。

31

問

ゴールは見た？・【ごーる－は－みた？】

類 シュートを狙おう　どこ見てたかな？

パスを回すことばかりに執着していたり、シュートチャンスを逃したり、自分でゴールを狙っていなさそうな選手にかける言葉。ポゼッションサッカーを掲げたザックジャパンがW杯に出場した際、多くのサポーターが選手たちに「ゴールは見た？」と言いたくなったと推測される。

こうとらえてみよう！

クワトロサッカーのメリット

言わずもがな、サッカーは相手よりもゴールを多く挙げたほうが勝つスポーツです。得点するにはシュートしなければいけない。そのシュートをなるべく優位な状態で放つために、パスやドリブルといった技術が駆使されるわけです。

ところが、ゴールを見てプレーしない子が多く見受けられます。理由は、大人たちが「相手に（ボールを）取られないように回しなさい」とか「しっかりつなぎなさい」と命じるからではないでしょうか。**相手に取られない、つなぐといった意識は大切ですが、ここばかりにとらわれると、有効な縦パスや絶妙なスルーパス、ドリブルでの仕掛けにトライしなくなります。**ゴールを決めるためのパスやドリブルではなく、キープするためのものになってしまいがちです。

少年サッカーだけでなく、Jリーグでもこれと酷似した「ゴールを見ない症候群」がまん延している気がします。例えば、バイタルエリアでフリーになっている選手がいる。でも、仲間はなかなか中央に走り込んでこない。時間がかかる。フリーの選手も仕掛けない。欧州と圧倒的に違うのがここのスピード。**遅くなる原因はゴールを意識していないから**だと感じています。

これは、コーチがいくら「ゴールを見ろ！」とか「ゴールを狙え！」と言い続けても、早々には改善されません。やはり育成期からの訓練が重要です。

小学生時代からゴールを意識させるために、私はクワトロサッカーを勧めています。4対4の少人数で、しかもGKを置かないためシュートが決まりやすいクワトロは、以前からオランダで盛んに行われてきました。そのお陰で、オランダでは、良いFWがたくさん育っていますし、GKがいないため必死に守らなくてはならないため、良いDFもたくさん出てきています。

得点感覚の鋭さ、危険察知能力の高さを磨けると同時に、ゴールを意識することを習慣づけられるクワトロサッカーをぜひ取り入れてください。

何を見ましたか？

【なに－を－み－ました－か】問

同何が見えた？

何をすべきだったかと「判断」を問う前に、見るべきものを見ていたのかを確認する質問。漫然と視野を確保するのではなく、何を見ようとするかが問題だということを伝えられる。コーチの思い通りにプレーさせるのではなく、その選手がプレーする中で「何を見て、どう判断したか？」が最も重要になる。

32

こうとらえてみよう！

指導者の最大の役目とは？

「今、右が空いてたのに見てなかったね」

「そこでトラップをミスしたら、もうどうにもならないだろ！」

「今、シュート打てたんじゃないの？」

いずれも、指導者がよく言ってしまう選手へのアドバイスです。

すべてに共通しているのは、目の前で起きた現象だけを指摘している点です。右スペースがあったのに、そこにパスをしなかった。

トラップが大きく弾んでしまった。

シュートチャンスを逃してしまった。

いかがでしょうか？

「いや、そういったことを指摘するのが指導者ではありませんか？」

そうおっしゃるかもしれませんが、それは少し違うかもしれません。

「選手が何を見て、どう判断したか？」

このことを常に念頭に置いて、彼らのプレーを見てください。

例えばプレーがうまくいかなかったとします。そうすると、まず、選手に何を見たのかを尋ねます。その次に、どう判断したのかが重要です。うまくいかないときは「情報収集」がうまくいっていないとき、次に「判断ミス」、最後に「技術的なミス」があります。

収集すべき情報を集めていたか、いなかったか。つまり**「何を見たか」と、それをどう判断したかを時にチェックしてあげるのが、指導者としての最大の役目**だと私は考えています。

選手が判断したことが１００％間違っているとは誰にも言えません。実は正解はひとつではないからです。ただし、たくさんの情報があれば他に選択肢が増えることを伝えてあげるべきです。

トラップやパスやシュートなど、技術的なものはあとでついてきます。現象だけ指摘しているか、そうではないかの差は、指導者として雲泥の差があります。

33

つないでいこう【つな－いで－いこう】ポ

類みんなで攻めよう　チームで戦おう

パスをつなぎ「チーム全員で攻めよう」と呼びかける言葉。間違ってはいないが、言う人のイメージが「ボールを取られないように」であれば、選手はバックパスなど安全なつなぎしかしなくなる。パスミスをしても、選手が味方につなごうとしてトライしたプレーであればＯＫとしたい。

こうとらえてみよう！

「ボールを失わずに」のイメージは捨てよう

「つないでいこう」は、よく聞く言葉です。日本の少年サッカーも少しずつ進歩して、相手ゴール前にドカンと蹴るだけのサッカーでは子どもたちの技術が向上しないことが理解されてきました。

さらに段階を踏めば、意図のないパスや、自分勝手なドリブルも「つなぐサッカー」にそぐわないものだと伝えてください。

「つなぐ」といえば、ジェフ時代にオシムさんが幾度となくおっしゃっていた言葉を思い出します。

「日本人は、サッカーをしていないよ」

味方同士が互いにやろうとしていることをわかり合いながら、呼応、連動してゴールへ向かっていく。

「それがサッカーの本質ですよ。でも、日本の選手は、なんだか勝手にプレーしていませんか？」

そう言いたかったのだと思います。周りをよく見て、味方を使う。ボールを持たない選手も懸命に動いて攻撃にかかわっていく。それこそがオシムさんのいう「サッカーをする」になるのでしょう。

しかしながら、先に伝えたように、「ボールを失わずにつないでほしい」というイメージは捨てなければいけません。

「つないでいこう」と言ったあとに「大事に（いこう）！」という言葉も頻繁に登場していませんか？「丁寧に」も聞こえますね。もしかしたら、こちらのほうが見ている大人たちの本音に近いかもしれません。

例えば、バックから前線に鋭いくさびのパスを送ったら、パスの精度が足らず相手に奪われてしまった。これは立派なトライです。

ところが、これを見た大人が「つないでいこうよ」と残念そうな声で伝えたら、子どもはミスを恐れて前を向かなくなります。次第にバックパスが増えていき、今度は「いつまで後ろで回すの？勝負するんだよ？」と大人たちがハッパをかける。そんな事態に追い込まれます。

丁寧にボールを運ぶことも大事だし、いい加減なパスは良くない。でも、トライしたプレーはＯＫ。そのような共通理解を持って、サッカーをしてください。

34

広いほうに【ひろーいーほうーに】命

同逆サイド！　スペースがあるよ

左右どちらかのサイドに選手が集まってしまった状態で、スペースのある逆サイドに展開してほしいときに指示する言葉。命令形ではあるが、広いほうに持っていくほうが、余裕を持ってプレーできる。「だから、たくさんの視野を確保できていろいろなチャレンジができるよ」というメッセージ。

こうとらえてみよう！

サッカーの理想形を知っておく

小学生のうちは、**広いスペースがあるところで視野を確保し、さまざまなトライをしながら成長してほしい**と考えます。ですので、コーチが「広いところに出そう」と呼びかけるのは、悪いことではありません。

ただし、全部がそうではありません。最終的にゴールに向かうために、いったん逆サイドに展開することを、やっている選手も見ている大人も忘れないようにしてください。**サッカーの最終形というか、理想形を知っておくことが**肝要です。

例えば、２０１６年10月11日に行われたW杯アジア最終予選のオーストラリア戦を思い出してください。

オーストラリアは、後ろから最前線に縦にズバッと速いボールを送っていました。これは守備側にとっては非常に脅威です。

それとは対照的に、日本は広いほうへ。つまり、スペースに展開して攻撃を組み立てていました。一見、うまく攻めているようにも見えますが、攻撃のテンポが下がるというか二次的になります。ゴールまでワンクッション置かれるので、守備側からすると守りやすくなる。つまり、あまり怖くありません。

例えば、サイドに展開するふりをして、前線で味方がつくった狭いスペースにズバッとパスを出す。受けた選手は振り向きざまにシュートできるようなシチュエーションです。そんなことを続けると、競り合った末にゴールが生まれる確率は非常に高くなります。

そういったことを使い分けられるのが「戦術眼を持ったプレイヤー」になります。

広いスペースへ展開すること自体は悪くはないけれど、そればかりではうまくいかなくなる。そのことも、徐々に経験させて、理解してもらったほうが良いでしょう。

逆サイドを意識させることも必要だけど、混戦の厳しいところへあえて縦パスを送ることにもトライさせる。コーチの頭の痛いところですが「これもあるけど、こっちもあるね」と、選択肢を増やしてあげることを意識してください。

35 ライン上げろ【らいん－あげ－ろ】命

類トラップ仕掛けろ！

試合に勝ちたい大人が興奮すると、つい言ってしまう言葉。もしくはその気持ちの表れ。戦術に関する正しいアドバイスだが、見て考えて（感じて）判断する機会をたくさん与えなければいけない育成年代では、狭いエリアでプレーすることは実はマイナスになってしまう。ただし、子どもが自分たちの判断で攻め上がるのはＯＫ。

こうとらえてみよう！

日本に広い視野を持つ選手が少ない理由

「ライン上げろ」は、応援している保護者もよく言ってますね。一見すると「お、サッカー知ってるね」と感心する向きもありますが、**「子どもの成長にとって何が重要か」を知っている人はじっと黙っている**ものです。

欧州に行くと、ジュニアの試合では、コートにあらかじめオフサイドラインが引かれています。ゴールとセンターラインの真ん中あたり、少しゴール寄りのところでしょうか。そのラインより前に行ってもオフサイドは取れないので、ディフェンスはオフサイドラインより前には上がりません。両チームがその状態になると、互いに狭いエリアでプレーしなくて済むので周りをよく見てプレーする余裕が生まれます。

そんな話をすると「相手も上げてくるから」というコーチがいます。それなら、指導者同士で話し合ってください。広い視野を持ち、良い判断で良いパスを出せる日本人が少ないのはなぜでしょうか。35年以上育成に身を置いてきた私は、**ジュニア期から判断する余裕を与えていないからだと感じています。**

第2章

とらえ直したい「サッカーまわりのことば」

サッカーの「センス」って何？　「認める」とは？
指導教本には出てこないけど気になることば、
よく使うけど本当の意味は？　目からうろこの池上解説です。

36

教えない【おしえ－ない】動

類気づかせる　刺激する
対教え込む
池上メソッドの軸になる指導哲学であり、その手法。選手に問いかけることで気づきを促し、自分で考えてプレーする習慣をつける。自分で考えることをさせずに一からすべて教えてしまうと、それしかやらない、コーチや親に言われたことしかやらない子どもになってしまう。

こうとらえてみよう!

「教えてくれないので辞めます」という選手

日本の子どもに「周りを見よう!」と声をかけると、みんな顔を上げます。「見た?」と聞くと「見たよ」と言います。ですが、何のために見るのか、何を見るのかまでは考えが及びません。そこまで考えて答えられる子は本当に少ないです。そこで、「何が見えましたか?」と聞いて、そこから考えてもらいます。

ところが、日本人の多くのコーチは「右にフリーの味方がいただろう」とか「自分の前はガラ空きなんだから自分でシュートまで持ち込め」と答えを教えてしまいます。**このように懇切丁寧に教えてしまうと、ジュニア期までは通用するかもしれませんが、その後が伸びません。**「一瞬の上達」ではなく、その先の「伸びしろをつくる」のが、教えない指導だと考えてください。

残念ながら、現実には、そのことは理解されていないようです。ある地域で育成年代で結果を出している指導者の話です。

「コーチが教えてくれないので辞めます」とクラブを退団する子が相次いだそうです。そのコーチは常に問いかけ、自分で考えてプレーすることを訴えていたそうです。でも、そのやり方は理解されませんでした。辞めた選手とその親は「コーチなのだからプレーを教えてくれるのが当たり前なのに、何も教えてくれない」と主張したそうです。

私も時折「そのやり方で強くなるんですか?」と訊かれます。そういうとき「スポーツは自分で考えて、自分でやらないと成長しませんよ。教えないほうが、子どもは自分で学ぶのではありませんか」と答えます。

育成や指導というものに正解はありませんが、日本の子どもに「自分で考える」「自立する」「創造する」が圧倒的に欠けていることは、多くの指導者が感じていることでしょう。

この三点はスポーツ全般に言えることですが、選手が場面に応じて自分の意思で動かなくてはならないサッカーでは特に必要なことです。自分で考える習慣をつけていくジュニア時代は、大人が「教えない」ことを意識したほうが良いと私は考えます。

教える【おしえーる】動

対 指示命令する

基本的には、選手のアイデアを広げるお手伝いととらえる。子どもが自分で考えたプレーが失敗したとき「もしかしたらこんなことしたかったのかな?」と尋ね、個々の「わからない」の内容に応じて「こんなふうにしたらできるよ」と言葉で伝えたり、やって見せること。一方的にやらせるのは指示命令。

37

こうとらえてみよう！

「指導者としての役割」果たしてますか？

「教えない」の反対は、「教える」？

私の辞書ではそうではありません。失敗を恐れずチャレンジした。でも、次はどうしたらいいのかな？　そんな迷いや葛藤を選手の表情で読み取ったら、声をかけてあげてください。まず、問いかけます。

「今、右にパス出したけど、本当はどうしたかったのかな？」

選手の気持ちを聞けば、その子が抱えている課題がわかります。そこで、例えばこんなふうに言います。

「狙ったのは良かったけど、使う足はこっちがいいかもしれないよ。こんなふうに蹴るとちゃんとパスがいくね」

「右で蹴るよりも、ここは左で蹴ったほうが簡単かもしれないね」

つまり、**私の辞書での「教える」は、選手が選択するプレーの「幅」を広げてあげる、考える材料を増やしてあげること。**もっといえば、彼らの引き出しを豊かにする「お手伝い」であり、指導者としての最大の役割と言えます。

「こうかもしれない」「この方法もあるよ」

言葉使いの細かい部分ですが、断定的な物の言い方をせず「コーチが教えることはひとつの選択肢」というニュアンスで伝えてあげてください。そうすれば、プレーの選択がこれしかないという固定観念を持たず、幅を広げられます。この幅は「考えの幅」であり、これがプレーの幅につながります。

例えば、フェイントしてみたけれど失敗したとき。

「フェイント、チャレンジしたの？　いいね。でも、実際どうしたかったの？　そうか。じゃあ、こんなふうにもできるよ」

サッカー経験者でないお父さんコーチのみなさん、自分で見せてあげられなくても大丈夫です。チームにはできる子、できそうな子が必ずいるはずです。そんな子にお手本になってもらえば、言葉だけできちんと指導できます。

認める【みとめ－る】動

類ほめる　評価する

良いプレーを「今のは良かったね」と評価すること。ミスになったプレーについては「今のはどうしてそうなったのかな？」と確認する行為などを指す。ミスになったプレーでも認めるが、否定しない。うまくいかなかったけれど、トライしたことが認められる環境でこそ、自尊感情を失うことなく成長できる。

38

こうとらえてみよう！ 大人依存症

私は子どもを絶対叱りません。否定もしません。ほめることが多いです。そのためか、「池上さん、ほめるだけでは子どもは伸びませんよ」と言ってくださる人がいますが、私は単にほめているだけではありません。みなさんが**「ほめている」と感じている行為は、私にとってはどちらかといえば「認めている」**ものです。

「ミスしたけど、どうしてそうなっちゃったのかな？」

悪いプレーに対して、そのように原因と対処法を一緒に探っていこうとする態度を子どもに見せます。そうすることで、「そんなミスするな！」と否定しているのではなく、悪いプレーでも認めているよ、というニュアンスが伝わります。良いプレーをしようが、悪いプレーをしようが、必ず認めてもらえる環境にいる子は、どんどん上達します。「ミスした自分はダメな人間」と落ち込む必要はなく、ミスはミスとして上達の糧になることを経験しながら学ぶからです。常に前向きになれるし、委縮せずに済みます。

似たような声がけで、ミスしたときに「トライしたのは良かったよ」があります。

「狙いがあったのは良かったよね。ミスはしたけど」という意味です。子どもたちは「でも、ミスはミスだし」と感じるような気もします。そこで、次にトライしたときにミスしないためには（成功させるには）、どうしたらいいかを一緒に考えます。**ミスしたプレーを丸ごと認める。**一緒に掘り下げてあげることが重要です。

一方で、悪いプレーを「叱ってほしい」と言う子が増えています。「自分の悪い部分を指摘してほしい。言われないとわからないから」と言います。**一見すると、前向きで意欲的に見えますが、私はこの現象を「大人依存症」ではないか**と感じています。何でも大人が言ってくれる。言われた通りにしていればうまくいく。だから、指摘してほしい。「指示待ち」「指摘待ち」なわけです。「大人に言われたくないよ。自分でわかっていることを何度も言われるのは嫌だから」

実は伸びるのはこういう子じゃないかと思います。

39

厳しくする【きびーしくーする】動

類 鍛える

真の意味はモチベーションを上げること。夢中になって取り組めば、おのずと運動量も集中力も上がり厳しい練習になる。「耐える能力が高い＝強い」のイメージがあると、叱ったり、単調で辛い練習を強いることが、厳しくすることだと勘違いする。究極の厳しさは、その子が自分の甘さに気づくまで放置すること。

こうとらえてみよう！

自分でモチベーションをつくれる子が成長する

「ほめてばかりで育つのか？　厳しくしたり、鍛えることも必要なのでは？」

そんな質問を受けるようになりました。ほめて、認めて育てようという昨今の風潮に、どうやら揺り戻しが来ているようです。

観察していると、「ちゃんとやれ」「もっと走れ」といった厳しい言葉をコーチが言うときは、子どもにあまりやる気が見られないときです。

私は今もスクールで指導していますが、子どもたちが集中していないときはサッと集めて問いかけます。

「みんな、なぜここに来ていますか？」

「サッカー上手くなりたいから！」

「上手くなるためにはどうしますか？」

「練習します！」

「練習は、真面目なほうがいいですか？　ふざけてやるほうがいいですか？」

すると、子どもはすぐに気づきます。自分は何のためにここにいるのか、何のためにサッカーをするのか。

もちろん、個々で温度差はあります。本当にやりたい子は「真面目にやる！」と言いますが、まだそこまで興味がない子は黙っています。

でも、そういった発露が生まれるのは個人差があるので、そこで「何のためにやってるんだ！」と叱ったりしません。好きという感情が湧き出るように工夫しつつ、待つのみです。

問いかけて導くのは、叱るという行動とは対極。どちらかといえば「諭す」に近いと思います。上記のように諭したあとに「じゃあ、もう一度やってみよう」と言ってピッチに送り出すと、夢中になってボールを追いかけ始めます。そのようにして自発的に取り組んだ練習でこそ、技術は磨かれるし体力もつくのです。

「俺の厳しい練習に耐えれば上手くなる」と子どもに話すコーチがいますが、それでは子どもがバーンアウトしてしまいます。「耐える＝上達」ではないことを悟りましょう。**自分でモチベーションをつくれる子だけが、成長し続けられる**のです。

指導力【しーどうーりょく】名

類コーチング力　引き出し

子どもが持っている力を引き出すこと。もしくは、サッカーの魅力をきちんと伝え、モチベーションを上げられる大人の力。進化、更新される新たな指導法を学ぶ力など。それとは逆に「子どもを従わせられる力」とか、「一から十まで細かく教えて何かを習得させること」がすべてだと勘違いされがち。

40

こうとらえてみよう！

子どもの力を引き出すアプローチ

みなさんは「良い指導者」とは、どんな人だと考えますか？

指導力のあるコーチは「強いチームにしてくれる」つまり、試合で結果を出すことだと思われがちです。

他に少年サッカーでいうと「子どもが言うことを聞く」とか「子どもを静かにさせられる」といった従わせる力。それ以外では、プレーや技術を習得する場面で、非常に細かく指示をする、あるいは手とり足とりして世話を焼く。そういったことが評価されるようです。

話が面白かったり、指導の内容が豊かで子どもを引きつけられるなら良いのですが「こらーっ、静かにしろ！」と強権を振るって管理するのは指導力とは言えない気がします。

「低学年の子が練習中ふざけるのですが、どうしたらいいでしょうか？」

先日も、ジュニアを担当しているコーチが悩んでいました。

「ふざけている子に、話聞け！　と怒鳴るのは指導じゃないよ」と話すと、「池上さんならどうアプローチしますか？」と聞くので、こう答えました。

「池上コーチ、話聞いてほしいんだけど。お願いだよって何回でもアプローチするよ。俺は大人でおまえは子ども、とか、俺はコーチでおまえは選手でしょっていうスタンスで言うことを聞かせるのは、指導力があるとは言えないよ」

悩んでいたコーチは、自分も子ども時代に強権を振るわれて嫌だったタイプなので、なんとか違う道を探ろうとしていました。

このタイプの指導者は、時間をかければ指導力を身につけますが、怒鳴られたことに感謝している、もしくは、そういったことが自分の中で振り返りをされていない人は、なかなか旧来の抑えつける指導から抜け出せません。

子どもの力を引き出すには、自分の中にもたくさん引き出しを持つ、新しいことを学ぶ気持ちが本当の指導力につながると思います。

ドーパミン【どーぱみん】名

脳内にある神経伝達物質のひとつ。快感や幸福感、意欲を感じたりするもので、運動に関連する機能を担う脳内ホルモン物質。何かを習得する際に使われることから「学習強化因子」「やる気ホルモン」とも。物事に自発的に取り組んだ際に最も分泌される。アドレナリンは精神的に追い詰められると分泌される「火事場の馬鹿力ホルモン」

41

こうとらえてみよう！ 習熟スピードを上げる条件とは

リフティングの練習中に、コーチが「〇回できるまで休憩ナシね」と呼びかけているのを見かけます。

最初こそ子どもたちは懸命に取り組みますが、だんだん疲れてくるとだれてきます。でも、休憩が欲しいのでなんとか設定された回数、50回とか100回までやり遂げられるでしょう。ただし、それ以上はチャレンジしません。

なぜだと思われますか？　それは**大人たちの指示命令や、煽られるトレーニングなので、自分で意思決定し、自発的に取り組んだ回数ではない**からです。だから、設定された数で止まってしまうのです。

私なら回数を設定しません。子どもたちが集中していないときはこんなふうに話します。

「みんなさ、ちょっとダラダラやっているように見えるけど、そのままでいいのかな？　本当にサッカーを上手くなりたいのかな？」

すると、子どもたちの表情が変わります。それぞれが「今日は200回までやろう」と自分から目標を決めて頑張ります。つまり、細かく指示命令するのではなく、やる気を喚起するよう工夫するほうが子どもは上達します。そんな子どもたちを、過去にたくさん見てきました。

あとになって、怒鳴ったり、指示命令せずに、自発的に取り組ませるやり方は、脳科学的にも有効なのだと知りました。**自分で目標を設定し楽しく取り組むことで、ドーパミンが分泌される**からです。

子どもを委縮させるという行為がいかに愚かなことかご存知でしょうか。怒鳴られるかもしれないという恐怖感の中で習熟まで導く時間と、自ら進んで自発的に取り組んだ時間とでは、後者の自発的にやった子のほうが習熟スピードが早くなります。このことは脳科学的にも証明されています。

ドーパミンを出す練習をぜひ心掛けてください。

モチベーションアップ

【もちべーしょん―あっぷ】動

同動機付けをする　やる気にさせる　意欲を促す

「楽しいからもっとやりたい」「面白いから頑張ろう」と前向きな気持ちにさせること。楽しいと思えるかどうかは、教えているコーチにかかっているため、指導者の役目の9割以上を占める。「自分は上手くないから試合に出られない」と思っている子がいればサポートが必要。

42

こうとらえてみよう！

負けた試合を大切にしていますか

「勝つ味を覚えないと、モチベーションが上がらない」「負けが込んでくると、コーチがそう嘆いたりします。「それは、指導者であるあなたのモチベーションが上がらないのでは？」などと、皮肉ってみたくなります。

私は逆の意見です。**勝った試合は本当のモチベーションにはつながりません。**油断したり、自慢するだけで終わってしまいがちです。大人は、負けた試合ほど大切にしてあげてください。「勝ちたいと思う気持ちが足らなかった」などと叱咤激励して終わるのではなく、何が足らなかったから負けたのか、勝つために何をすればいいのかを分析してあげることが重要です。

そのようにして選手のモチベーションを上げられているのなら、指導者の役目はほとんど果たせていると私は考えます。

特に小学生はその割合が高い。サッカーを好きになって、意欲的に取り組むほど上達します。

逆に、勝つことを優先して試合のメンバーを固定したり、レギュラーだけ優先的に声がけしてしまうと、上手い子たちまで伸びなくなります。そのクラブ全体の底上げが個の成長を促します。

「練習は厳しく、耐えるのが美徳。そうでなければうまくならない」と思っていませんか？

例えば「今から、シュート練習100本やるぞ！」とコーチが言って始めたとします。子どもはだんだん集中できなくなります。そこで指導者が声がけします。「決められたことだから、ちゃんとやろう」

そのように煽ってやらせても、上手くはなりません。

反対に「はい、シュート練習するよ～」と言って始めます。入れば「ナイスシュート！」「お、すごいね！」「今日、絶好調？」などと声をかけます。入るとうれしくて、どんどんやります。息も上がってきますが、「もっとシュートしたい！」という気持ちのほうが上回る。気づかない間に100回打っていたりします。これこそが内的な動機付け。モチベーションアップの理想形です。

43

バーンアウト【ばーん－あうと】名

同燃え尽き症候群

頑張りすぎたり、掲げた目標に手が届かないことを認識した時点で、そのことに取り組む意欲を喪失すること。周囲からの期待や圧力もその一因。サッカーが心から好きで余裕のある生活を送っていれば起きない現象。ジュニア世代ではあまり言われなくなったが、中学生以降で燃え尽きている選手は依然として多い。

こうとらえてみよう！

「自由」があれば燃え尽きない

中学校から先で燃え尽きてしまう子は、少年時代に厳しいチームでやっていた子が多いようです。厳しさの中身は、例えば、練習が厳しいとかよく怒鳴られるといったこと以上に、休みがないとか、自由を与えられない窮屈さがあるようです。

例えば、生活自体がサッカー一色と言いますか、サッカーにすべてを捧げているようなそんなこともよく聞きます。

朝から親子で練習をしていたり、私への質問でもよくあるのは、家でできる練習はどのようなものが良いでしょうか？　というものです。保護者が過度に世話を焼いて「サッカーをやらせる」ような状態にしています。

また、サッカーチームに所属しているにもかかわらず、もっと上手くなりたいという思いからなのでしょうが、他のスクールに通っている子どもが今はたくさんいます。3カ所ほど通っている子どもにも出会ったことがあります。

チームの指導者の方々は当然チーム活動なので、そこにいる友だちや仲間を大切にするように指導をされているわけです。私たちもスクールを開いていますので、当然チーム活動を優先に考えてほしいと思っています。

しかし上手くさせたいという大人の願いで子どもがサッカー一色になってしまうとどうなるでしょうか。さまざまな制約があって、いろいろなことを我慢し続けると、**思春期に入り自我に目覚めてくる中学生になった途端「もう、サッカーはいいや」**と言い出します。

「楽しくない」

「もうサッカーは充分。他のことをしたい」

これこそ、バーンアウトの状態です。

このようにならないためにも、小学生年代で楽しく、思い切り自由にサッカー生活を送らせることが必要です。子どもにとって、サッカーをする生活が楽しく自由なものという感覚が浸み込んでいれば、試合に出られないとか、ちょっとした挫折があっても続けられるはずです。

44

ご褒美理論【ごーほうーびーりーろん】名

類外発的動機付け

ご褒美で子どものやる気を引き出す方法。学力やスポーツの能力を向上させるには、反復して覚えるドリル学習が欠かせない。取り組ませる際、何かを達成したら得をする、良いことがあるという外発的な動機付けをしてモチベーションを上げる。手軽だが継続できない欠点がある。「ニンジン作戦」ともいう。

こうとらえてみよう！ 「好きにしていいよ」もご褒美

子どもが仮性近視になったとき、眼科医がこんなアドバイスします。

「星を見つめたあと、ろうそくを見る。それを繰り返すと視力が上がるよ」

視神経の筋肉が動かされることで適度な刺激が与えられ、近視が改善されるのです。

ただし、毎日欠かさずやるのは大人でも根気がいることです。よって、保護者は「できたねシール」みたいなものを渡して「ここまでできたら、家族で君の好きな焼き肉屋さんに行こう」といったご褒美を約束します。すると、子どもはそれに向かって一生懸命に続ける。晴れて達成されて食事ができたら、「〇〇君のお陰だね」と家族に感謝される。そこでまた達成感が得られるという好循環が生まれます。

私は、このようなご褒美は、家でのお手伝いなどでも、入り口のところで使っていいと思います。

また、サッカーの練習にも応用できます。ほとんどのチームはいつもコーチが決めたメニューをこなしていますね。でも、選手が何か良いことをしたなど、ご褒美を渡したいなと思ったときは、「今日の練習は自分たちの好きなことをしていいよ」と言ってみてはどうでしょうか。

ほとんどの場合、子どもたちは「ゲームしよう！」と盛り上がるかもしれませんが、その日はまるごと見守るだけにする。最後に「お、自分らでやれるね。すごいね」とまた認めてあげればいいのです。

私がよくやるのは「階段キック」。コーンまでの距離を長くしていって、当たったら次にいけます。子どもたちは恐ろしいほどの集中力を見せたり、時にはＰＫ戦のように緊張して挑みます。当たれば「やった～！」と喜びます。そういった**小さな楽しみが、やりがいに**つながります。

セレクション【せれくしょん】名

類 入団テスト　選抜テスト

サッカーでは、クラブの入団や選手選抜のためのテストを指す。小学生なら2～3年生の終わり、中学生のカテゴリーは小学6年生の秋冬に実施される。数カ月ごとにすべてのカテゴリーでテストが実施される欧州などと異なり、日本では一度入ると所属変更の機会がない。落ちると保護者はそのクラブの悪口を言いがち。

45

こうとらえてみよう！ セレクトする基準とは？

欧州やブラジルでは、よほどスーパーな子はともかく、ほとんどがホームタウンに在住している子がセレクションを受けます。ですが、日本は電車で片道2時間以上とか、毎日保護者が車で送迎するほど遠距離のクラブを受けます。千葉在住で神奈川のジュニアユースチームに通っているケースもあります。

日本では、遠くても強いチームから順に受けるのが通常のようですが、**強いクラブだから上手くなるとは限りません。勉強時間が確保できる範囲内で、自分のやりたいサッカーに近いもので、なおかつ試合に出られそうなクラブを選ぶのが賢明**です。

また、よく尋ねられますが、選手をセレクトする目安は、コーチによって異なります。以前、ある地域のトレセン選抜を依頼されたことがありますが、私とブラジル人のベテラン育成コーチであるジョゼさんの意見はぴったり合いました。ともに、いかに創造的なプレーをするか、自分で考えているか、といった点を見ていました。

ところが、他の方はまったく違う子を選んでいました。驚きました。ジョゼさんと私が○をつけた選手と、他のトレセンコーチたちが○をつけた選手はひとりとして重なっていませんでした。

みなさんは技術やスピードが目立つ、体が大きいといったことに目を奪われがちのようでした。つまり、伸びしろを見るか、その選手の現在地の様子で判断するかの違いですね。

よって、ジュニアユースクラブのセレクションで不合格になっても、悲観する必要などありません。中村俊輔選手や本田圭佑選手など代表レベルでJリーグのセレクションを落ちた選手は少なくありません。そのクラブの大会成績だけに左右されず、練習メニューの工夫やコーチ陣の声がけ、指導を親子でよく見て選んでください。

どんな環境であろうと、最終的に伸びるのは自ら考え「自分から伸びようとした」子どもたちです。

46

プレーヤーズファースト

【ぷれーやーず－ふぁーすと】名

同選手第一主義

「選手が真ん中であり主役」の意味。スポーツが何のためにあるかといえば、選手のためという常識が日本でなおざりにされがち。昨今はサッカーに限らず他競技でも強調されるように。メンバー決めにいたるまで選手に委ねる考え方を高校生以上で具現化したものを「ボトムアップ理論」などと呼ぶ。

こうとらえてみよう！ 「委ねる意味」を再確認しよう

何がプレイヤーズファーストなのかを、今一度考えてみませんか。「選手に任せている、プレーの選択など自由にさせている」とおっしゃるコーチが、ひとたびピッチに出ると「こうだよね？」と自分の考えを前面に出すのは珍しい光景ではありません。**特に、ジュニア世代は「いちいち教えないと子どもはわからないから」とオーバーコーチングに**なりがちです。

高校生以上だと「コーチはこう言ったけど自分はこうする」と意思を持つこともできますが、小学生は素直な子ほど言われたとおりにしようとします。それでは子どもに任せたことになりません。

京都サンガでクリスマスカップという大会を行ったときのこと。3～4年生がチームごとではなく個人で集まり、知らない同士バラバラで8人のチームを作って試合をします。この大会の初めに、私はスイスサッカー協会がジュニアの試合の際に大人に配布するカードの文言を話しました。

「今日という日は、ぼくたちの一日です。

ぼくたちはサッカーを思う存分やろうと、喜んでここに来ています。

もちろん、誰だって勝ちたいにきまっています。

でも、一番大切なことは、プレーができる、ということです。

だからどうか、ぼくたちの思うようにプレーさせてください。

ピッチのそばで怒鳴らないで、相手チームのサポーターに対しても、フェアでいてください。

ミス・プレーをいちいち、なじらないでください。

ぼくたちはしょんぼりするだけで、何の役にも立たないからです。

以上、よろしくご理解ください。

子ども一同」

保護者もコーチもコートの中には入らず、フェンス越しに応援してもらいました。そうすれば、コーチングする人はいないからです。子どもたちは実に楽しそうに、のびのびとプレーしていました。

オープンマインド

【おーぷん－まいんど】名

大人に向け奨励されている言葉。目の前の選手はもちろん、負け試合や失敗などうまくいかなかったこと、起こったことを受容し、それらを認める心理や態度を指す。保護者はわが子に、コーチは選手に向き合い、「彼らのすべてを受け入れましょう」という意味。その際は、全員を平等に扱うことが求められる。

類受容　寛容

47

＼こうとらえてみよう！／

最初に子どもの意思を聞く

前ページでも紹介したように、京都サンガでは小学生を対象にしたクリスマスカップという大会を開きました。チーム単位ではなく個人で参加してもらって、それぞれ知らない子とチームを作って8人制の試合をする試みです。大会の開会式で、私は子どもたちに尋ねました。

「この大会を楽しみにしていた人？」

8割くらいが「はーい」と手を挙げました。「どうでもいいかなぁと思ってた人？」と聞いたら、15人ほどが手を挙げました。ちょっとニヤついている子もいました。

「そうなんだ。でも、最後はみんなが楽しかったなぁって思って帰ってくれたらいいなと思います」と話しました。自分の意思で来ている子もいれば、よくわからないけれど親に誘われて来ている子もいます。ですので、最初に、それぞれの気持ちを聞いたわけです。

何かを行うとき、まず最初に子どもの意思を尋ねることは、オープンマインドな態度です。

「どう？　大丈夫？」

「今日はどんなことしたい？」

「楽しくやれそう？」

それらは、子どもの気持ちを尊重するとともに、ワクワク感を引き出すことにつながります。

最近の子どもは大人の顔色をうかがうと言われますが、実は大人がそうさせています。そこを修正するには、大人が**オープンマインドな態度で、その子の気持ちに寄り添うことです。**

例えば、「うまくできてるよ」「問題ないよ」というふうに、その子をサポートするポジティブな言葉をかけてあげます。誰か上手い子だけを熱心に教えたり特別扱いするのではなく、一人ひとりに同じように声をかけることが肝要です。

話を聞かない子どもに対して「誰が話をしていると思ってるんだ？」とか「コーチが話してるだろ！」などと威圧的で権利を振りかざす態度は、オープンマインドな指導者とは言えません。

インテリジェンス【いんてりじぇんす】名

48

同知性　知的能力

サッカーにおけるプレーのアイデア、発想や賢さ。ボールを保持している、していないにかかわらず、効果的な選択ができるうえ、ピッチ上で実際に表現できる能力。日本でこの言葉をよく使用したひとりが、元日本代表のイビチャ・オシム監督。インテリジェンス溢れるプレーを「ブラボー」と称賛した。

こうとらえてみよう！

あなたを裏切る選手を育てよう

ジェフ時代にオシムさんと同じクラブで過ごした3年間は、私にとって非常に有意義なものでした。練習後にコーチ陣やスタッフを集めてサッカー談議をするのですが、その中でよく出た言葉がこの「インテリジェンス」でした。

「あのプレーはインテリジェンスがあった。とてもエレガントだった」などと表現しました。それは大概、想定外のプレーに対する称賛でした。「あそこにパスが出たら、あの選手がサイドに開くから、そこにパスだろう」というように観ている者が予想できる範囲の選択をしないプレーに対するものでした。

ドイツ代表のエジルやバルセロナのメッシは、私たちを「そんなところにパス出すの？」「そこでドリブルなのか」と驚かせ、喜ばせてくれます。が、コーチとしてピッチに出ると子どもが自分の思ったところへパスをしたりドリブルすることで満足していないでしょうか。

ジュニア期に足元の技術を磨くことは良いことですが、あまりにそれだけに終始していると判断を磨くところまでたどり着けません。

スキルの向上を追い求めれば追い求めるほど、教えている選手がみんな似てくるといったジレンマを感じたことはありませんか？　**自由な空気の中でどんどんトライさせて、インテリジェンスを育む**ことに目を向けてください。

「考えろ」が口癖だったオシムさんは、日本選手のインテリジェンスを育てようとしていました。代表でも抜擢し続けた羽生直剛選手にこう話すのを聞いたことがあります。

「小さい選手が大きい選手にぶつかったら勝てるわけがない。当たらないように動いたらどう？」

相手の裏をかく。想定外の動きをする。そのアイデア、インテリジェンスを羽生選手に求めていました。彼にこその才能と個性があると踏んでのことだったと思います。

オーバーコーチング

【おーばー－こーちんぐ】名

一句 試合中、ずっと立ってる、指示してる

試合中、選手の判断に任せず「左へ行け」「右に行け」「もっと広がれ」などと指示をして、自由な判断を奪うこと。FIFA（国際サッカー連盟）から「育成期はテクニカルエリアでずっと指示してはいけない」との規定がある。日本ではベンチ以外に、応援席からも聴こえてくる。

49

こうとらえてみよう！

あなたは今、子どもの何を育てようとしているのか

一つひとつのプレーを指示することの他に、練習でやっていないことを試合中にやれと言うのもオーバーコーチングです。

普段ドリブルの練習ばかりやっているのに「そこはパスでしょ～」、逆にパスの練習ばかりしているのに「どうしてもっとドリブルで勝負しないの？」と、選手の許容範囲を超えることを指示していませんか。

「じゃあ、コーチは何も言っちゃいけないいんですか」と言われることがありますが、そうではありません。

「Ｍ－Ｔ－Ｍ」（マッチ－トレーニング－マッチ）といわれるように、試合で出てきた課題や修正点を、練習で解決して再び試合で試してみる。その一連の流れが育成になります。

ですから、普段練習してきたことが試合でやれていないことを注意喚起するのはオーバーコーチングではありません。

「いつもやってること、何だっけ？　できていないよ」と声をかけたり、「壁パスやってるのに、使わないの？」と問いかけるのはＯＫです。

冒頭の例のようにドリブルだけとか、パスだけとかではなく、両方バランスよく練習しているなら「どっちを使うの？　練習したこと思い出そう」と言ってあげれば良いのです。

常に「今、何を磨いているのか？」「何を育てているのか？」をコーチは必ず頭の中に入れ、そこにフォーカスしながらプレーを見なくてはいけません。なおかつ、「プレーが良くなる糸口になる言葉」を探して、自分のものとして引き出しに入れておくことが肝要です。

試合中のオーバーコーチングは審判から注意されますが、中高生が圧倒的に多いようです。これは勝つことにベンチがこだわりすぎるからでしょう。

負けず嫌い【まけ－ず－ぎらい】名

類悔しがり

そのスポーツが好きで、「勝つまで頑張る」「勝つまでやめない」「勝つためにどうしたらいいか考える」というふうに、心から勝ち負けを楽しめる。試合に負けて泣いた後、自分からボールを蹴りに行くような子。「負けたから、もうやらない！」とすねてしまう状態は、単なる現実逃避。負けず嫌いとは言えない。

50

＼こうとらえてみよう！／
勝ち負けのある遊びをたくさんすること

今という時代は、間違いなく負けず嫌いな子が減っています。テレビゲームなどは、負けそうになれば「やーめた」とすぐにリセットすることができます。そのうえ、放課後などに勝ち負けのある自由な遊びをしていません。

私たち大人の子ども時代は、毎日の遊びが勝ち負けの連続でした。ビー玉、めんこなど、負けると相手に奪われてしまいます。負けることによって、自分の遊び道具がなくなってしまうのです。

なので、勝ちたいがために必死に戦術を考え、手先やさまざまな技術を習得すべく一所懸命だったように思います。

それに近い今の子どもの唯一の遊びは、カードゲームでした。対戦型で勝ち負けがはっきりし、負けたらカードを取られてしまいます。

ところが、せっかく残っていた負けず嫌いを磨くそんな遊びも、今は廃れてしまったようです。

聞けば「強いカード」は金さえ出せば買えるので、親が買い与える家庭の子はいくら負けてもカードを補充できる。極論を言えば、お金持ちの子が勝つという良くない側面もあったようです。

中学生になって本格的な思春期に入るまでは、子どもは喜んで親と遊びます。

「ボールをポストに先に当てたら勝ち」というように、**小さいときから勝ち負けのある遊びをたくさんして**ください。家族でトランプ、将棋でも良いです。そうやって、**負けることにタフで、勝つことに貪欲な子**に育ててください。

勝利至上主義

【しょう－り－し－じょう－しゅ－ぎ】名

同大会至上主義
対プロセス重視

勝つことを一番の目的にし、勝つために何でもしてしまうイデオロギー。「子どもが勝ちたがるから」と言い訳したり、「試合は勝つためにするんでしょ」と短絡的で大人げない意見や思考に陥りがち。自分自身が勝利至上主義であることに対して無自覚なケースが多いのも特徴。

51

こうとらえてみよう！

「勝つために何でもしてしまう」四つの弊害

日本の少年サッカーも少しずつ進化してきたのか、最近は全日本少年サッカー大会の予選にエントリーしないチームもちらほら出てきました。

ノックアウト形式のトーナメント戦が多いカップ戦に積極的には参加せず、チームの強化プランを明確にしながらリーグ戦を丁寧に戦う価値を知る指導者が増えてきたように感じています。

とはいえ、**「勝つ楽しみ」がないとサッカーを教えられないのかな？　と思わざるを得ない指導者が少なくないのも事実です。**勝利至上主義になると、勝つために何でもしてしまいます。以下に「何でもしてしまう」弊害を挙げてみましょう。

ひとつは、トレーニングが長くなり、子どもに過度な負担を与えます。高学年になって疲労骨折で選手生命を絶たれる子や、小学生の頃に痛みをこらえてだましだまし続けてしまい中学や高校で重篤なスポーツ障害を発症するケースも稀ではありません。痛みをこらえて続ける小学生のほとんどは、年間試合数が100を超えています。

二つめは、勝たなければならないので上手なレギュラー組がほとんど試合に出ています。これでは、控え選手が上達しません。彼らが上手くならなければチームの底上げはできないので、結果的に心身ともに変化してくる高学年になるとレギュラー組も伸びません。

三つめは、戦術的に子どもがやるサッカーではなくなります。例えば、ゴール前にいる体格の良い子にロングパスを送って相手守備のミスを誘う。そのようなサッカーで、選手にジュニア世代で身につけるべきスキルが浸透するでしょうか。

四つめは、前述した三つの現象が見られるチームには、指導者からのリスペクトやプレーヤーズファーストの精神がなくなってしまうということです。

五感【ごーかん】名

周囲のありようを感知するために、人間に必要な基本的な五つの感覚機能。視覚（見る）聴覚（聴く）触覚（触れる）味覚（味わう）きゅう覚（臭う）を指す。サッカーでは、得点チャンスや失点のピンチを予測する能力を「きゅう覚が鋭い」などと表現する。また対戦相手や自分の味方の心理状態に気づくには、五感を研ぎ澄ます訓練が重要。

52

こうとらえてみよう！

自然体験が「気づく力」を磨く

毎年やってくる夏休み、みなさんはどのように過ごされてますか？　サッカーの試合や練習だけで40日間が終わっては、非常にもったいない。さまざまな経験をさせてあげてください。

「サッカーがうまくなる遊びってありますか？」と聞かれることがあります。親御さんとしては、何でもサッカーに役立てたいと思われるようです。

「サッカーも遊びですよ」とちょっとジャブを入れてから「外遊びなら何でもいいですよ。キャンプや野外活動は特にお勧めします」と言うと、大体のお父さんが「キャンプかぁ」と頭を抱えます。まず道具を揃えなくてはとかさまざまハードルがあるからです。でも、今はテントが張れなくてもロッジなどに宿泊もできます。

自然の中で過ごすと、その子の中に眠っていた五感を刺激することができます。木に登ってみる。川で遊んでみる。例えば、川に手を入れてみると思ったよりも冷たいことに気づきます。夏の河原に行くと「うわっ、冷たい！」と叫んでいる子がいっぱいいますね。

また、見た目より流れが速いこともわかります。流れが速いところに行けば流されてしまうので危険です。ですので、どんなに遊びに夢中になっても、そこに行かないようにしようと自分で気をつけることができます。それでも、子どもなので保護者の方が見守ることが必要だし、ライフジャケットをあらかじめつける準備も学びます。

川で泳ぐと、海より浮かないこと、泳ぐのが海より少し大変なことに気づきます。焚き火をするために落ちている枝を拾えば、どんな枝が燃えやすいか、湿ったものはダメなどといったことを気にしながら集めます。その都度さまざまなことを感じては、考えるわけです。

「自分で考えられる子どもにしたい」と多くの人が言いますが、まずは「ここが難しい」「なぜできないの？」と感じることが大事です。どうやって「気づく力」を与えるか。そこを考えましょう。

そのためには **「何かを感じる」経験をたくさんすること**が大事です。

親の役割【おや－の－やく－わり】名

53

類応援団

サッカー少年少女の親として、子どもが楽しくサッカーをしているかを時折確かめたり、楽しく取り組むことで成長する手助けをすることを指す。サッカーの話をしたり、楽しく食事をとったり、学習と両立しながら十分な睡眠をとれる生活を支える。「頑張りが足らない」などと一方的な意見を述べることではない。

こうとらえてみよう！

転ばぬ先の杖を立てない

あるクラブでお話しをさせていただいた際、ひとりのお母さんから質問がありました。

「家ではどんな練習をさせたら良いですか？」

私は笑みを浮かべて答えました。

「お母さん、家ではサッカーはしなくていいんじゃないでしょうか？　自分で興味を持てば、自分からやるでしょうし。そこは強要しないほうが良いと思いますよ」

質問した方は「は、はあ……」とつぶやき、ぽかんとしていました。

似たような質問を、保護者の方から本当にたくさんいただきます。

「ひとりでできる練習ってありますか？」

「自主練習って、どのくらい（恐らく頻度と時間）やればいいですか？」

そのたびに、私は前出のように必要ないですよと答えます。練習やサッカーのことは、基本的にコーチに任せればいいと思います。もしも、例えばコーチから「次の練習までにリフティングを○回やれるように」といった宿題が出たとしても、親がガミガミ言って練習させるものではありません。

そう言われても「でも、練習しないでできなかったら試合のメンバーに選ばれないかもしれない。それだと子どもが困る……」それが本音かもしれません。

ですが、**自分がやらなくて困る、努力しなかったことが身に降りかかるような失敗をすることが、子どもたちの「成長の起点」**になります。

「ああ、僕がやらなかったから試合に出られなかったんだ」そのように後悔したり反省し「次はちゃんとやろう」と思い直し、自分でやり始める。そんなことを繰り返しながら、伸びていきます。

もっといえば、常に周りに言われてからしか物事に取り組めない状態では、中学、高校年代になって、成長の起点を経てきた子との差が徐々に現われ始めます。

転ばぬ先の杖を立てない。それが、今の子どもにとって一番重要な親の役割かもしれません。

テレビ観戦【てれび－かん－せん】名

54

好きな選手を応援したり、良いプレーを目に焼きつける楽しい時間。それなのに、一緒に観ている保護者や指導者は「サッカーを勉強する時間」ととらえてしまう。「今のプレーはおまえがお手本にしなきゃダメだ」「こないだあの選手と同じようなミスをした」といったプライベートな解説に対する子どもからの苦情は多い。

こうとらえてみよう！

大好きな選手のプレーにシビれる。それだけでいい

サッカーは競技場へ足を運び、生で観るのが一番です。けれど、いつもみんながそれができるわけではありません。ですから、**レベルの高いプレーをテレビなどでたくさん観てほしい**と思います。Jリーグや国内の試合に限らず、今は欧州のリーグなど、海外のレベルの高い試合もテレビ観戦できるようになりました。

親世代と比べて、サッカーを眼で学ぶ、テレビで親しむ環境が大きく変化しています。

ところが、子どもたちから聞く話は、外国人選手の名前をたくさん知っているとか、ひいきのチームの戦績といった少し「オタク」な傾向があります。そのことが悪いとは言いませんが、**小学生の間は大好きな選手がいてその選手の真似をしてみる。そんな子であってほしいと思います。**

また、サッカーをかじったお父さんは、一緒にテレビを観ているときに「ここでこう動くんだよ」などとかなり高度なことを解説しがち。「もっと真剣に観ろよ！」などと叱ってしまうこともあるようです。

せっかく目を輝かせて楽しんでいるのに、テレビ観戦が授業のようになってしまっては、子どもは億劫になってしまいます。

アドバイスするなら簡単に。FWをやっている子ならFWの選手の、DFならDFのというように「自分がやりたいポジションの選手の動きを意識して観るといいね」という程度にしておきましょう。

また、サッカー観戦とはいえ、テレビの前にずっと居るのはいかがなものでしょうか。テレビはつまりは時間どろぼうです。まずは外遊び、自然の中で体を動かす時間を優先しましょう。

自然があり、生活に多少の不便さがあって、時間に余裕のあった私たちの時代は、日々の暮らしで五感を鍛えられました。地域にもよりますが、それが難しくなりました。サッカーがうまくなるかはわかりませんが、ゲーム漬けで過ごすよりも成長に良いのは間違いありません。

縦割り【たて－わり】名

異年齢の子ども同士を一緒に活動させるためにグループ化すること。例えば、小学1年から6年生まで各学年ひとりずつなら計6人になる。上級生が下級生の面倒をみたり、下の子が上の子に憧れて頑張るなどメリットは多い。学年だけでなく、サッカーの能力も、全員が同じレベルよりも凹凸があるほうが互いに学ぶものは大きい。同学年は「横割り」

55

こうとらえてみよう！

承認欲求を満たす「でこぼこ」の環境

「声を出す子がおれへんなぁ」

さまざまな場所で巡回指導をしてきましたが、どの学校、クラブへ行ってもそう思います。私は笛を持たずに指導するので、近くにいる子どもに「みんなを集合させて」と頼みます。すると、小さな声で「集合して、だって」と近くの子にだけ言います。つまり、リーダーシップをとる子がいない。これは、小学校の先生も嘆いていることです。

どうしてでしょうか？　私は学校教育の横並びや横割りの弊害ではないかと考えています。例えば、小学3年生の中で、スポーツにしても勉強にしても「できる子・できない子」がいます。できる子は飛び出る。飛び出ると目立つので、あるとき突然集中砲火を浴びます。よって、子どもたちは飛び出さないというか、目立たないようにします。これは、「3年生」という箱の中に入っているから、リーダーシップをとれそうな子が育たないのではないでしょうか。

2年生の中では能力が高い子は、うまいからひとりで勝手にプレーしがちです。仲間から疎まれる部分も出てくる。けれど、3年生と一緒にプレーすれば「おまえ、やるね」と認められるし、チームでプレーすることも学べます。逆に、3年生の「ちょっとできない子」は、3年生から文句を言われるけれど、2年生からは認められる。成長に必要な承認欲求が満たされるわけです。

そんなふうに**縦割りで活動していくと、でこぼこが見えなくなります。**つまり、年齢のでこぼこがあったほうが、その子のためになる。自分が生かされる場所でサッカーをやるほうが、断然楽しいのですから。

同じ学年、同じレベルの子を集団にして指導するほうがうまくなると思われがちですが、実はそうではありません。**いろんなレベルの子がいる中で育つほうが、間違いなくうまくなるのです。**

同じレベルでやると、そこには競争しかない。トップになった子は天狗になります。でも、そこに4年生がいたらどうなるでしょう？　縦割りにして、メンバーもどんどん変える。そんな方向に、見直してみてください。

キャプテン【きゃぷてん】名

同主将
類リーダー

チームをまとめる人間。監督やコーチが言ったことを「みんなどう思ってる?」「どうしたらできるかな」などと議論し深めていくきっかけをつくる役を担う。技術が一番上だったり、一番ゴールできる、お手本のプレーができるといったサッカーの能力だけで選ばれるものではない。

56

こうとらえてみよう！ 「どの子？」より、まず「どんな子？」を話し合おう

チームによっては、まとめ役が「チームキャプテン」で、試合中に仲間を鼓舞する、みんなが力を出せるようにふるまえる選手を「ゲームキャプテン」にする場合もあるようです。誰よりも最後まで走り切り、背中で引っ張るタイプもいます。

チームキャプテンであれば、私のイメージなら、仲間に働きかけのできる選手です。

「監督に言われたこと、けっこう難しいよね？　みんなどう思ってるの？」

「ちゃんとやろうよ。どうする？　どうしたらいいと思う？　僕はこう思うんだけど」

そんなふうに、気づく能力が高く、問題提起ができて、話をまとめられる子を選ぶ傾向はあるようです。

よく尋ねられるのが、以下の3点です。

「何年生からキャプテンを選べば良いですか？」

「任命したほうが良いか」

「選手に選ばせたほうが良いか」

それはチームごとに、その年度ごとで違っていいと思います。キャプテンをやることでその選手が自立するのは間違いありません。1年生から決めてもいいし、下級生の間は月ごとなどの持ち回りでもいいでしょう。

小学校でグループ学習など集団で何かを行う授業が多くなるのが3年生です。そのくらいで「キャプテンは誰がいいかな？」と選手に聞いて、話し合わせてもいいですね。

ただし「一番上手い子」とか「活躍する子」といった**優劣で決め続けないほうが良いでしょう。**コーチ同士でキャプテンに何を求めるのか、どういった役を担うのか、どんな子が向いているのかといったことを話し合い、共通認識を持つことも大切だと思います。

リーグ戦【りーぐ－せん】名

同総当たり戦
対トーナメント戦

複数のチームが総当たりで対戦する試合形式のひとつ。次の試合に向けてどんな準備をするかといった育成計画が立てやすい。勝利至上主義の抑制にもつながる。欧州の育成年代はほとんどリーグ戦。日本でも近年定着しつつあるが、今度はリーグ戦で勝つ方法を探るチームも出現。

57

こうとらえてみよう！

育成のありようが見えるリーグ戦

例えば、地域の8～10チームで行えば、1年間という長いスパンで強化ができます。日本サッカー協会も推奨しているM－T－M（マッチ・トレーニング・マッチ）が実現できます。

つまり、試合をやったら、その反省を踏まえて足らないところを練習する。そして、次に試合で練習したことにチャレンジしてみる。そのような育成に適した良い循環が生まれます。

加えて、ジュニアでもホーム＆アウェーでリーグ戦を行うべきだと考えます。同じ相手と年間に2度対戦すると、初戦は歯が立たなかった相手に、2度目の対戦では勝ってしまうというようなことも起こります。成長の有無が測れるわけです。

セレクションなどを行っていない町クラブでも、リーグ戦で春は負けが込むけれど、秋以降はぐっとチーム力を上げてくる。そんなチームが地域にありませんか？小学生や中学生年代では、体格の変化も手伝って練習や指導者の質次第で選手の上達の度合いが違ってきます。

リーグ戦の後半に成績が伸びてくるチームは、運営や指導がうまくいっているクラブとも考えられます。逆に、毎年春先は強いけれど、選手の伸びがいまひとつで秋以降は負けが込んでくるケースもあります。リーグ戦は、クラブの育成のありようを映してくれるのです。

ノックアウト方式のトーナメント戦は、子どもも指導者もどうしても負けたくないという気持ちが先行しがちです。そのため慎重になり過ぎたり、練習してきたことにトライできず、こぢんまりとしたサッカーになってしまいます。チャレンジしないため、結果的に子どもたちはせっかくのゴールデンエイジでさまざまなスキルや戦術眼を獲得できずに終わってしまいます。

日本がリーグ戦を選択してこなかったマイナス面はいまだに解消されていないように感じられます。

習い事【なら－い－ごと】名

対遊び

何かを継続的に教わり、技術や力を向上させ極めるもの。小学生の場合は、書道やそろばん、学習塾、ピアノなど。スポーツではないもの。なぜなら、スポーツはラテン語で遊ぶという意味を持つ「スポルト」が語源であり、他人から教わって習熟するのではなく、自分から楽しみ、遊びながら上達することが本質。

58

こうとらえてみよう!

サッカーがストレスになっていないか

「サッカーは習い事です」

そのように話す保護者や子どもが非常に多いです。スクールやスポーツクラブなどに通わせている方は、月謝を払っているからでしょうか。月謝を払っているからには上手くなってもらいたい。それでなくてはお金がもったいない。そのようにとらえられています。このことは、ずいぶん以前から非常に気になっています。

反対に、**私はサッカーを「遊び」だと思っています。**「スポーツ（ｓｐｏｒｔｓ）」の語源は「遊び」です。技術を習得したり、上手くなりたい、試合に勝ちたいといった気持ちはもちろん大事ですが、小学生ではそれらはすべて遊びだと考えてほしい。

ところが、**保護者や指導者が過度にわが子に期待して力が入ってしまうと、子どもは練習や試合のたびにストレスを感じる**ようになってしまいます。遊びだと思っていないので、出来栄えや結果が気になって仕方ありません。大人たちの顔色、もっとエスカレートすると、仲間の顔色までうかがうようになります。

そもそも、スポーツは心や体を解放するものなのに、習い事として見てしまった瞬間にそうではなくなってしまいます。本来は、体力がつく、楽しい、仲間ができる、上達することで自信が生まれる、社会性やコミュニケーション能力が身につく、毎日が充実するなど、メリットばかりなのに、デメリットのほうが凌駕してしまうのです。

「お金を払った分、上手くなってもらわなければ」ではなく、クラブやスクールは、安心してサッカーができる環境。つまりは「安心や安全」を買っていると、とらえられませんか？

「サッカーは習い事じゃなくて遊びだよね」

親子とも、そのように考えられるほうがもっと上達します。

優先順位【ゆう－せん－じゅん－い】名

59

同プライオリティ

サッカー少年だからといって、何よりもサッカーが一番重要なわけではない。学校や家庭、学力の獲得が優先されるべき。練習や試合よりも、学校行事や学習、家族との時間を優先すべき。祖父母や親戚との交流、お墓参りや四季折々の行事など、さまざまな経験をすることが子どもの目に見えない力になる。

こうとらえてみよう！

学校・勉強・家族優先は親の責任

今に始まったことではありませんが、学業とスポーツの両立は、小・中・高校生にとって永遠のテーマです。ところが、これもずっと以前からですが、**「勉強よりもサッカーが大事」だと考えている親子が、非常に多い**です。「うちの子は勉強がダメだから」と親のほうが先にあきらめてしまいます。

そうすると、子どもは「サッカーさえやっていればいい」という心構えになってしまいます。そのような子は、家庭の中でまるで王様のようにふるまい始めます。

車での送迎は当たり前。駅まで10分歩くのを億劫がります。「試合前に疲れる」と言います。練習着やスパイクなど常に高額のものを求め、しかも簡単に買ってもらえるので道具を大事にしません。さらにいうと、朝起きられずに試合に遅刻しては「起こしてくれなかったからだ」と親を責め、すね当てなど忘れ物をすれば「入れてくれなかったからだ」と親に文句を言います。

このような小学生になってほしいですか？

「いやいや、うちの子はそこまでひどくありません」

多くの方はそう言って首を振るかもしれませんが、「もしかしたらこんな子になりそうな予備軍かも」と思いませんか？

優先順位を「学校」や「勉強」もしくは「家族」にする意味は非常に大きいと私は思っています。そうすることで、サッカーは遊びなのだという概念も生まれます。ここは、サッカー少年の保護者として重要な価値観であり、責任ともいえます。

大会が増えたり、少子化になってチームも学校ごとではなくなり、運動会などの学校行事と大会やトレセンのセレクションが重なるケースが多くなっています。大きな大会は主催者が延期したり時間をずらすなど考慮すべきですが、基本的に学校行事を優先すべきです。もし指導者がそうでない場合は、指導者が変わるべきですから、周囲がよく話して説得してほしいものです。

そういった問題が起きたと聞くたびに、リーグ戦なら大きな問題にならないのにといつも思います。

60

メンバー決め【めんばーぎめ】名

同 チーム決め　先発決め

小学生は基本的に自分たちで決めさせる。ただし、全部任せてしまうと自分の好きな、あるいは得意なポジションばかりになってしまうため、決める段階で大人が「いつもこばかりやってるよね？」とうまく整理してあげることが必要。全員がほぼ同じ時間出場できるよう配慮する。「全員出場して勝利する」を目標に。

こうとらえてみよう！

子どもに決めさせるメリット

多くの指導者は、試合に勝ちたいため同じメンバーで試合をさせます。「〇人以上は交替させなければいけない」といった出場人数を増やすことを喚起する規定を設けている大会では、終了間際に何人か一気に交替させるという光景がよく見られます。

私はＹＭＣＡ時代からずっと、選手全員が同じ時間出場するように努めてきました。メンバー決めはいつも選手に任せます。そうすると、さまざまな意見が行き交います。

「全員出ないといけないよ」

「前半に強いメンバーで、後半は弱いメンバーで出る」

「そうしたら後半逆転されちゃうよ」

「前半にいっぱい点取ればいいじゃん」

「いや、逆にして後半逆転すればいい」

さまざまなケースを試した末、**最終的に「強い子と弱い子を混ぜて」平均的なメンバー構成で前後半を戦うのが一番良い**、という結論に達しました。

なぜならば、強い選手がそうでない選手を助けられる、サポートできるからです。たくさんのことを自分たちで考え、決められる。サッカーをすること自体が、コーチにメンバーを決められるチームよりも非常に能動的です。

そのうえ、**「チームに弱点があってもみんなで助け合えばカバーできる」といったサッカーをする際に非常に大切なことも学べるのです。**

コーチのみなさんは「ひとりでもプロを輩出したい」「自分の手で育てたい」といったことをおっしゃいます。

ですが、プロになる子は、実際には自分で勝手に道を切り開いていきます。それよりも、ジュニアの指導者が担う責任は普及です。サッカーが楽しいということを、ひとりでも多くの小学生に伝えてほしい。それが日本のサッカーの土台になります。

「きれいごとだ」とおっしゃる向きもあるかもしれません。でも、実際は、そのような意識で指導をされていたほうが日本代表の主力を生んでいるのではないか。そのように感じているのは私ひとりではないと思います。

センス【せんす】名

類好感覚　気の利いたプレー
　創造力

守備の裏を突く、あるいは相手をだます、鋭い駆け引きができる感覚。その子自身のサッカーを面白がる感覚や余裕から生まれるものでもある。もともと持っている才能ではあるが、サッカーをする環境に「自由さ」があるかどうかでも左右される。指示命令が多い中では磨かれない。

61

こうとらえてみよう！「そこに自由はあるか？」

「あの子、良いもの、持ってるね」
「あの選手は気の利いたプレーするね」

私たちコーチがこのような表現をする選手には、センスがあるということです。センスとは、例えば、パスをする際にちょっとだけ右を見ながら、すっと左へ出す。そのように、相手を欺く、相手やプレーを観ている人たちまで騙されてしまうようなプレーができることです。

このようなプレーは、教えられてできるものではありません。そのようなことを教えている人もいますが、教えられてやったプレーはわざとらしいので、すぐに見破られます。

「センスを磨くためにはどうしたらいいですか？」

そんな質問を、コーチや選手からよくされます。**私は「本当の自由さを、子どもが身につけているかどうか」を第一条件に挙げます。**

ヒールキックをした選手に対し、いまだに「もっときちんとプレーしろ」とか「100年早い」と言って叱るコーチがいます。そこに「自由さ」はあるでしょうか？

ある講習会での出来事です。私がアウトサイドキックでパスをしたら、インストラクターの方が「今はインサイドキックの練習なので、アウトでは蹴らないでください」とおっしゃいました。これからインサイドキック、次はインステップ、というような練習の仕方では、選手は自由を奪われてしまいます。あまり効果的ではないと思うのです。

得意なキックは、人それぞれ異なります。例えば、私はインサイドよりもアウトで蹴るほうが、正確に蹴れます。精度が高いほう、選手独自の感覚で蹴ったほうが良い場合もあります。それに、なるべくたくさんの種類のキックを蹴れたほうが、プレーの幅は広がります。

「そこに自由はあるか？」

コーチも、保護者の方も、あらゆる場面で自らに問いかけてください。

泥くさい【どろ－くさ－い】形

類愚直な　しつこい

ゴール前に詰めて混戦からのこぼれ球を押し込むなど、見た目は決して派手なわけではなく、美しくもないが、チームに貢献するプレーを形容する言葉。鮮やかなスルーパスは出せないけれど、相手の攻撃の芽を摘むボランチも同様。「泥くさいゴール」「泥くさいプレー」などと言われる。

62

こうとらえてみよう！

海外で称賛される「ごっつあんゴール」

2015年-16年プレミアリーグでクラブ創立初の優勝を決めたレスターで活躍した岡崎慎司選手などは、まさしく泥くさいプレーでチームに貢献してくれます。「チームの誰ひとり欠けていても、この優勝は成し遂げられなかった」

優勝した際に彼はこう話しましたが、サッカーの本質を本当に理解しているからこそ出た言葉だと感じました。

もうひとり、熊本地震の際に地域に貢献する姿を見せてくれた巻誠一郎選手も同じタイプ。以前ジェフ千葉で同時期に所属していたのでよく知っています。彼が入団する際、彼の両親にオシム監督が「息子さんは最後まであきらめずに走れる子ですか？」と尋ねたそうです。

また、もっとベテランの選手では、ゴンこと中山雅史選手も同様です。この中山、巻、岡崎ともに、常にサボらずに動いている、体の接触を嫌がらないという二点が共通しています。

チャンスを嗅ぎ分けているからこぼれ球を押し込めるのですが、どんな場面でもそのプレーを予測し、かかわろうとしているからこそチャンスに絡めるわけです。ゴールシーンは何が起きるかわかりません。対応するには、「そこにいる」ことが何よりも重要です。そのために彼らは労を惜しまず動き、最後まであきらめずに走るメンタルを持っています。なおかつ相手と衝突する可能性があっても、そこに飛び込んでいく勇気も持ち合わせています。

いわゆる「ごっつあんゴール」は、日本では良いイメージを持たれないようですが、欧州など海外では「よくぞそのポジションにいた！」と、ひとつの能力、努力として称えられます。

一度パスに合わせようと飛び込んでみるものの、二度ほどやってパスが来なければ次からやらなくなる子どもがいます。最近はプロの選手でも、何度でも飛び込むといった粘り強さがなくなったように感じます。せっかく岡崎選手らのような良いお手本がいるのですから、子どもたちにはぜひ真似をしてほしいと思います。

理不尽【りーふーじん】名

類ナンセンス　アンフェア

理屈と合致しない、非論理的なこと。ミスをした選手をなじる、叱る行為も同じ。敗戦のあとに感情的になった大人が罰走させるといったことも理不尽な指導に当たる。日本のスポーツ界ではまかり通る現実があり、それを肯定する選手や指導者が存在する。特にジュニアのカテゴリーで減らない。

63

こうとらえてみよう！

主体性の芽を摘むものとは？

「理不尽な練習や命令をされたけど、今の自分があるのはそんな理不尽のお陰です」

現役を引退したアスリートがそのようなコメントを発することがありますが、本当にそうでしょうか？　本人たちも「うーん、何が良かったかわからないけど、たぶんそうだと思う」とほとんどの場合、かなり曖昧です。実は、他の要素があって成功したはずなのに、あまりにも理不尽な練習や指導のインパクトが強すぎるため、現役時代を振り返るとき、どうしてもそのことに言及してしまうのではありませんか？

子どもは特に大変です。試合に負けたあと、延々走らされたりします。「走りたくない」と思っても、意見することも受け入れてもらえません。選手とコーチの関係がフラットではないため「文句言わずにやれ」となります。なぜなら、大人は「俺の言うことを聞かなかったから、負けたんでしょ」と思っているからです。

つまり、理不尽な練習や指導は、選手を押さえつけたい、自分の力を誇示したいという「いびつな上下関係」からしか生まれてきません。理不尽を命じられる側も、「僕らが負けたから」「僕らがダメだったから」と、受け取る（受け取るよう誘導される）ので、それ自体を理不尽ととらえられない状態に追い込まれます。

選手のパフォーマンスを上げるのに効果的ではないうえに、その指導者の想定外に成長することはまずありません。日々理不尽に耐えるのみなので「練習してうまくなろう！」とか「これをできるようになりたい」という主体的な気持ちにはなりません。

例えば、試合に負けたあとで、選手が自分たちから「練習しよう！」と意気込むのは良いことです。が、コーチが誘導したり、命令するのは逆効果です。

本来は、敗れた要因を分析し「次の練習はこれをやろう」と次につなげるのが指導者の役目。それなのに、分析さえしない人も少なくありません。特に子どもは、コーチとの力関係に屈するため「それっておかしくないですか？」とは言えない。よって、指導の現場では「理不尽」がどうしてもなくなりません。

伸びる条件【のび－る－じょう－けん】名

64

類成長し続ける力　学習能力

足が速いなど身体能力やボール扱いのうまさは、マストの条件ではない。技術等は、成人に近づくにつれ身につくものであり、そのスポーツと「どう向き合っているか、向き合い続けられるか」が第一条件になる。そのためには、そのスポーツが「好きでたまらない」という感覚が最も重要。

こうとらえてみよう！

伸びる子のエネルギーはどこから？

サッカーの育成現場を見てきた約35年のあいだに「この子、すごいね」と感嘆した子は、いっぱいいます。ところが、「すごい選手になるかもしれない」と多くの大人が評価していた子どもたちのほとんどがその後、消えていきました。小さいときから「君、すごいね」とちやほやされ、大人に踊らせられたまま大きくなった子は、中学、高校、もしくは大学と、どこかでいなくなります。

あるいは卓越した能力があってプロになり、天才と言われながら早くに表舞台から消えた選手も少なくありません。多くは、慢心して努力を怠ったのではないか。どこまできちんとサッカーと向き合っていたのか、疑問です。

反対に、エリートではないけれど、中澤佑二選手のように真摯にサッカーと向き合っている息の長いプレーヤーもいます。私が所属した千葉から浦和に移籍した阿部勇樹選手も、16歳でデビュー後、くさらず、おごらず、地道にサッカーに取り組んできたことがうかがえます。

両者の違いは、ただ一点。「サッカーとどう向き合うか」という意識と、姿勢の問題だと思います。

物事を極めるのに必要なもののひとつが、そのことと向き合い続けるエネルギーです。周囲から「すごいね」と言われても、**「もっとうまくなりたい」と貪欲に練習する。**スランプに陥ったり、けがや故障といった困難に遭遇しても、そこを乗り越えていく。そのようなエネルギーは、どこから生まれるのかといえば、それは**「サッカーが好きだ」という気持ち**です。

サッカーが好きだから、自分をあきらめたくない。好きだからもっと上手くなりたいと思う。その気持ちを育てるのが、ジュニアの時代です。サッカーを始めてから中学生になるまでは、伸びるためのベースをつくる時期なのです。

自立【じーりつ】名

類自己管理　自律

大人の指示を待ってからようやく動いたり、周囲に頼るのではなく、自らの力で考え自発的に行動すること。小学生年代からは確実に身につけたい力。サッカーのみならず、すべてのスポーツで必要な力だが、結果や見た目のありようを気にする大人たちにその力を養うチャンスを奪われがち。

65

こうとらえてみよう！

子どもの世界をジャッジしない

自立というテーマになると、私はよくスイミングで順番を抜かされた子どもとそのお母さんの話を話します。YMCAで水泳指導をしていたとき、あるお母さんが練習後に血相を変えて近づいてきました。

「コーチ、うちの子、泳ぐ回数が2回少ないんです」

気づいていた私は、笑顔で言いました。

「えっ？　数えてたんですか？　すごいですね」

私の質問には答えず、お母さんは興奮気味に訴えてきました。

「あのね、うちの子、2回少ないんですよ！」

私は平気な顔をして「ああ、知っていますよ。いつ、自分から『抜かすな！　おれの番だ！』って言ってくれるかなあって思って見てたんですよ」と話しましたが、その方は「とにかく、うちの子2回少ないんです！」と言い続けました。

親御さんは回数に注目しましたが、私は順番を抜かされていたその子が抜かされないように前に出たり、抜かす子に「次は僕の番だ」と主張できるかどうかを見守りたかったわけです。あまり積極的ではなかったり、ぼんやりしていた子が、自分の殻を破って成長していく。大人に「この子を抜かさないようにしてね」などと**世話を焼かれなくても、自分の力で乗り越え、自立する力をたくわえてゆく。そんな場所がスポーツ**でもあると私は考えています。

私はサッカーでも、ピッチの端に立って「はい、いいよ～。行って」と練習を見守ります。ほとんどの時間、見ているだけです。前出のスイミングのようにけんかもあります。「おれが先に行く」とかです。強い子はどんどん先に行きますが、弱い子はなかなか行けません。そんなとき、弱い子はどうするかなと思って見守っています。

大人は無駄に子どもの世界をジャッジせず、自立する機会を奪わないことです。

主役【しゅーやく】名

類 真ん中　センター

中心となる人物。サッカーすべてのカテゴリーでいえば選手であり、少年サッカーなら子ども。プレーするにあたって、意思をもっとも尊重しなくてはいけない人物だが、日本の少年スポーツでは時として「勝ちたい」とか、「きちんとさせたい」といった大人の希望や価値観が先行することも。

66

こうとらえてみよう！

「本当に楽しいかな？」スポーツの本質を問う

勝利至上主義よりもサッカーを楽しむことを優先させてほしいという話をすると、こんな言葉が返ってきます。

「子どもだって勝ちたいに決まってる」

「大会で勝ち進めば、より多く試合ができるんだから」

みなさんの気持ちはわかります。子どもが負けて泣きじゃくる姿より、勝って喜ぶ姿を見たいのは当然です。とはいえ、プレーするのは子どもたちです。**「手段を選ばず、何が何でも勝つ」という価値観になってしまうと、中盤を省略し長いボールを蹴るばかりの大味なサッカー**になりがちです。それでは、普段練習してきたことを試す機会が奪われてしまいます。

スポーツですから、勝ち負けがあるのは当たり前。でも、勝ちたいかどうかは、子どもが決めるもの。**あくまで子どもが主役。そう考えて、見守ってあげてください。**

子どもが主役という話をすると、冒頭の「子どもだって勝ちたいはずですよ」と言われます。そうならば、主役同士で話し合わせてください。

「試合に勝ちたいんだね？　じゃあ、どうしたらいいかな？」

そう尋ねると「ボールを取りに行って守備を頑張る」とか「走り負けない」などといろいろな意見が出るでしょう。私が少年のコーチだった頃「最初から最後までベストメンバーでやる」と言う子もいました。「じゃあ、他の子はまったく出なくてもいいのかな？」と尋ねたら、黙っていました。

「勝つためには手段は選ばないの？　みんなが出られるほうがいいんじゃないのかな？」そんなふうに、**大人がブレーキをかけることも大切**です。それでも、ベストメンバーだけでやりたいと言えば、一度やってみてもいいでしょう。終わった後「出られない人がたくさんいたけど、みんな楽しかったかな？」と聞いてください。実のところ、私は大の負けず嫌いです。以前、成人のクラブチームで監督をしていた頃、公式戦の前には「俺は負けることが大嫌いなんだ。絶対勝つぞ」とゲキを飛ばしていました。ただし、それは対象が大人だから強い態度を示すのです。

進路【しんーろ】名

同進学先
類キャリア
中学、高校になったら、サッカーをどのような意識と環境で続けていくかという道筋。またはその場所。学校ではなく、クラブの場合もある。親の期待や思いが先行する形で決めてしまうと、うまくいかなかったときに親のせいにしてしまい、人生のピンチを突破できなくなる。

67

こうとらえてみよう！

10歳で人生の方向性を決めるドイツ

小学生を教えていると、親御さんからさまざまな悩みを聞く機会があります。

「うちの子はサッカーに集中していない。やる気がないように見えるのですが。いつ頃から進路の話をしたらいいでしょうか？」

例えばまだ2年生くらいでも、焦っている様子がうかがえます。もしくは、私の本を読んだという方でも「以前よりは余裕を持って子どもを見られるようになりましたが、それでも時にイライラしてしまいます」とおっしゃいます。もう少しだけ長い目で見てあげてほしいのですが「サッカーをどうとらえているか」を尋ねることは悪いことではありません。

「中学生になったらどうするか？」

このことは、3〜4年生くらいで真剣に話し合っても良いと思います。**サッカーが好きだから頑張ってみたいのか。もしくは、他のことにも興味があるのでそちらをやってみたいのか。**日本の小学校ではちょうど「二分の一成人式」といって10歳になる4年生の行事があるところもあります。そのタイミングで話してみてもいいかもしれません。

ドイツでは、学校の行事だけで終わりません。10歳で最初の人生の進路を決めるそうです。

大きくは「マイスター」といわれる手に職をつける道か、「大学進学」かの二択です。そこで大学を選んだ子は、その先でマイスターに転向するのはそんなに難しいことではありませんが、マイスターを選んだのに途中で大学進学に進路変更するのはかなり難しいそうです。選んだ学校によってカリキュラムなどが異なるため、それまでの学力の積み重ねがなければ追い付くには大変なのでしょう。サッカーをしている子どもも、10歳で「プロを目指すか否か」を深く考えるのかもしれません。

日本にはそういった習慣がないので、家庭でぜひ話し合ってください。ただし、親の思いだけで決めてしまわないように気をつけてください。たとえ二分の一の成人でも、お子さん自身の人生なのですから。

罰ゲーム【ばつ－げーむ】名

類ペナルティ

練習の中で、勝ち負けがはっきりするメニューをする際、負けたチームへ課したり、集中していないとか、上手にできなかった子たちに与えるペナルティ。例えばランニング、腕立て伏せなどの身体トレーニング系が多く活用される。遅刻や忘れ物など、オフ・ザ・ピッチでの失敗に課せられることもある。

68

こうとらえてみよう！

真面目にやるから楽しめる

ジュニア期はサッカーを楽しませる、好きになってもらうことに主眼を置いてくださいと、私は言い続けています。そのためには、指導者が「楽しむ」と「ふざける」を混同しないようにしなくてはいけません。

なぜなら、楽しいという感覚が、えてしてふざけてしまうことにつながるからです。そうではなく、**すべてのことに真剣に真面目に取り組んでこそ、初めてサッカーを楽しめる。**そのことをぜひ子どもたちに伝えてほしいと思います。

そこを伝えないまま「きちんとやれ」「真面目にやれ」「ちゃんとやれ」と命じるだけの練習になってしまうと、うまくいきません。そうなると、指導者は「できなかった人は……」と罰ゲームという制裁を加えることによって、子どもにやらせようという意識になりがちです。

私は「真面目にやるから楽しめる」ことを子どもに伝えるので、罰ゲームをやらせたことがありません。

例えば「パスを20回回すことができたほうが勝ち、回されたほうは負けだから罰ゲームね」と言うコーチがいたとします。そうなると、20回回したほうの子たちは「イエーイ！」と万歳をして喜び、ミスした子やできない子を笑う、といったことになります。これは、一見してサッカーを楽しんでいるようではありますが、そうではありません。

罰ゲームがあるから集中してやる、という行為があまりに多いと、結局はやらされている受け身の状態になりがちです。

スポーツで「ゾーンに入る」と言葉があります。自分から、自分のゾーンに入って集中している機会が多ければ多いほど、必ず上達します。楽しみながら熱中できるよう、指導者が心掛けてください。そういう環境をつくっているでしょうか。今一度振り返ってみましょう。

集中力【しゅう－ちゅう－りょく】名

69

同熱中

興味のあることに深くフォーカスし、取り組み続けるエネルギー。日本では、苦しいことに耐える、もしくは単純作業を繰り返すイメージだが、取り組むものに対し意欲や興味がなければ、本来は出てこない力。良い結果が得られないと「集中していない！」とメンタルの問題にしてしまう大人も少なくない。

こうとらえてみよう！

目の前のことに興味を持って取り組んでいるか

みなさんのチームでは、例えば練習中に自分の番が来ても、サッと動かない子、ボーッとしている子どもがいませんか？　そんな子を見つけると、ほとんどの大人は「ほら、早く行けよ！」とか「集中しろ」と言います。私は例えばドリブルのトレーニングでそういう子を発見すると、ひとりだけに注意するのではなく全員にこう言います。

「自分の前の人が、ひとつめのコーンを過ぎたら、次の人はスタートしてください」

そう言えば、子どもは順番を待っている間も集中して見ていなくてはなりません。それでもボーッとしている子がいる場合は「前の人が行かないときは、抜かしちゃっていいよ」と話します。そうすると、そのドリブルをやりたくて仕方ない子は、ボンヤリしている子をどんどん抜かしていきます。

ボンヤリ組は、そこでハタと気づくことになります。自分で気づくと「抜かされないようにしよう」と気をつけるようになります。つまり、**大人から教えられるのではなく、気づかされることで練習に集中していく。そんなふうに、自分が取り組んでいることに興味関心を持つことを積み重ねていくことが大事だと思います。**

トレーニングに集中しなくては上手くなりません。ですので、大人は子どもに集中させたい。だからといって「集中しろよ！」と叱るのは、根性論に近いもの。もっといえば、実は子どもを甘やかしていることになりませんか？　叱られることが日常的になると、子ども側は「叱られなければいいんでしょ」とか「叱られっぱなしだから慣れっこになった」という感覚になります。

私が考える**大人の役割は、まず、子どもが目の前のことに興味を持って取り組んでいるかを見極める**ことです。「つまらない」と言えば、サッとメニューを変える。目先を変えることが必要です。つまり、周囲が何も言わなくても子どもたちが集中して取り組める環境をつくること。メニューや気づかせる工夫、仲間同士が互いに声をかけ合える関係性をつくる。さまざまなことを見直し、環境がつくられているかを考えてみてください。

無関心【む－かん－しん】名

同 頓着しない
類 無視する　知らん顔する

他者や目の前で起きたことに興味を持たないこと。サッカーは、どうやって攻めるか、いかに守るかを味方と感じ合いながら行うスポーツ。よって「あいつはどう考えてるかな？」と仲間の考えに興味がなければ、チームプレーはうまくいかない。

70

こうとらえてみよう！

面倒だなという空気に子どもは敏感

出前授業でうかがった小学校での出来事です。

5年生40人ほどの集団でサッカーをしていたら、ひとりの男の子が泣き出しました。何かが上手くいかなかったことを仲間にとがめられたのか、本当の理由はわかりません。そこにいた先生は「大丈夫か？」と言葉を投げかけはしましたが、わかりやすく言えばそのままほうっておかれました。

立ちすくんだまま泣いている男の子に、先生は「ここで休んでいなさい」とだけ言いました。校庭にお尻をつけてしゃがんだまま泣いていました。

私が気になったのは、周りの子どもたちの反応です。誰ひとり「大丈夫？」「どうしたの？」とその子に駆け寄るわけでもない。「おーい、やろうぜ」と多少茶化しながらでも、気にするそぶりが見られるわけでもない。とにかく、みんな無関心なのです。

誰かが泣いている。でも、大人が半ば無視しているような状態（無関心）なら、子どももそうなるのではないかと思います。**大人が醸し出す（面倒だな）といった空気に、子どもは敏感に反応します。**誰かのピンチを助けようとしないうえに、チャンスも手伝おうともしなくなります。

〝先生は彼を放置してはいけなかった〟

私はそう考えます。

一見して、子どもたちをうまくまとめているように見えました。ただし、子どもたちが先生を大好きなのか、どちらかと言えば主導型の先生についていくので必死なように思えましたが、一日だけではわかりません。ただ、ひとつだけ言い切れることがありました。

「つながっているように見えて、つながっていない」のです。

扱いが難しい子や難しいシチュエーションから逃げてしまう大人に対し、子どもは見事に反応します。

「教える」とか「指導する」よりも、子どもを認め、寄り添おうとする背中を見せることが大事だなとあらためて思いました。

自主練【じーしゅーれん】名

同自主練習　自主トレ

自分に足りない技術や、できるようになりたいことを習得したいという自発的な気持ちから、全体練習以外に個人で時間を設けて取り組むトレーニング。親やコーチにやれと言われて行うのであれば、その時点で、もはや自主練ではない。ただし、途中で楽しくなったり、意義を感じて継続できれば話は違う。

71

こうとらえてみよう！
小学生はストレスになることも

子どもたちがサッカーをやりたくてやる。それが自主練習だと思います。

以前、中学1年生のコーチをしていた頃、それぞれバラバラに集まるので、全体練習の前に「こんなことしてごらん」と個人でできるメニューを教えました。見ていたら、同じことしかしないので「今の時間を大切に使うとしたら、自分に足りないものとか、もっと武器として磨きたい技術を考えてやってごらん」と話しました。

そんなふうに、中学生には「うまくなるために、何をしますか？」という問いかけを大人がしてもいいと思います。が、小学生にそこまで求めると、かえってストレスになってしまうと思います。

以前、保護者や指導者の方々から悩みや疑問を聞いて、それに答える試みを行ったことがありました。そこで多かったのは「自主練をやらせています」というお父さんのお話でした。やらせているけれど、なかなかうまくならないとか、中には体力をつけるためマラソンをやらせているというものもありました。

「自主練は何をやらせたらいいですか？」

「家でどんなことを教えたらいいですか？」

多くはお父さんですが、お母さんからの質問も受けました。あまりの一生懸命さに圧倒されました。

「おうちでは他のこと、やったらいいんじゃないですか？」

予想外の答えだったようで、みなさん目を丸くしていました。

わが子に上手くなってほしいという願いはわからなくはないのですが、もし本当にそう思うならほうっておいたほうが賢明です。

ただ、子どもが自分から「やろう」といえば、付き合ってあげるといいですし「サッカーボールで遊ぼう」と公園などに一緒に行くのは良いと思います。

あくまでも、子どもの自主性に任せてください。だって「自主練」なのですから。

移籍【いーせき】名

チームを移ること。欧州などでは、ジュニアでも所属しているチームに物足りなければ、セレクションを受けるなどしてクラブを替わる。その逆でレベルが高すぎれば、自分がより試合に出られるクラブに移ることもごく一般的なこと。セレクションもシーズン頭だけでなく、年に数回実施される。日本の少年サッカーでは、現実はなかなか難しい。

72

こうとらえてみよう！「試合に出る」ことを最大の基準に

2015年度の全国高校選手権でベスト8など上位に進んだチームは、部員数が200人とか250人を超えるところが多く見受けられました。「250人の中から選ばれたイレブン」と、メディアではドラマチックに表現されますが、現実には多くの才能が埋もれているのではないかと残念でたまりません。

サッカーは試合に出なければ、上達しません。さまざまなスキルを吸収すべき16～18歳という時期に、実戦経験を積めないのは非常にもったいないことです。そして、これはジュニア期も同じです。人数が多過ぎては埋もれてしまいがちです。

先日視察したブンデスリーガの名門、レバークーゼンの下部組織は小学1年生の入団は基本的にスカウトでした。セレクションを実施しても500人にひとりくらいしかとらないそうです。1学年が15人ほどで9月のシーズン終了時に若干の入れ替えもあります。7歳でも移籍させられるシビアな世界です。ただ、それが特別なことではないため、子どもたちはすぐに割り切って「試合に出られるクラブに行くんだ」と前向きにとらえるのです。

では、みなさんは、クラブ選びをする際に何を最も高い優先順位にしているでしょうか。クラブによっては「我がクラブは1学年30人います。大会にもたくさん優勝しています」と、部員数とカップ戦の優勝カップの多さを強さのバロメーターにしているところもあります。これはかえって恥ずかしいことではないかと、私は思うのですが。

小学1年生でのクラブ選びは、自宅から近いことやクラブの雰囲気があっているかなどを優先してほしいもの。スタートはどこでも大丈夫です。学年が上がって本当にサッカーを真剣にやっていきたいと子どもが思ったときに「どうする？」と話し合ってください。**最大の基準は「試合に出られるところ」です。**

子どもの頃から「ここなら試合に出られそう」と自分の力をわきまえて、子どもが自分で選ぶ。そんな習慣があれば、ひとつの高校に250人押し寄せるという事態にはならないと思います。

補欠【ほーけつ】名

同リザーブ　控え　ベンチメンバー

試合に先発出場しないベンチメンバー。日本の少年サッカーでは場合によっては1試合交替なしというチームもあるので、その場合最後まで控えメンバーは誰もプレーできない。中学、高校でも部員が100人、200人というチームもあり、プレー機会を奪うことが問題視されている。

73

こうとらえてみよう！

全員同じ時間プレーさせる

日本の少年サッカーは、レギュラーと補欠、もしくはA、Bチームといったかたちで能力別に子どもを分けて扱っている印象があります。そして、公式戦や練習試合のほとんどがこの能力別のメンバーでプレーさせます。そうなると、「その時点で」上手くない子はなかなか試合に出られません。

つまり、大人が子どもの世界にカーストを作っています。低学年の子が「コーチ、試合に出たい」と訴えると、コーチが「もっと練習して上手くなってからね」と答える。そんな話はたくさん聞かれます。

一方、欧州では、最初はベンチメンバーでもそのあと試合に出場させますし、最終的には全員が分け隔てなくほぼ同じ時間プレーできます。しかも、同じ力量でメンバー編成します。そうやって、さまざまな子と一緒にプレーできるように配慮されているので、顔ぶれはぐるぐる変わっていきます。全員が互いにかかわりを持って結びつきを強めていきます。

年齢が上がっても「プレー機会は平等」の考え方は変わりません。

ドイツ視察で行ったレバークーゼンの育成チームでは、18歳以下はひとりの出場タイムの割合が決められていました。なぜなら、コーチは、全員の選手に対し、ある程度均一に出場機会を与えなくてはいけないというルールがクラブ内に設けられているわけです。ですので、コーチらは試合中、どの選手がどれくらいプレーしたかという累積タイムをきちんと記録していました。

「この時点で」上手くないからといって、実戦経験を積ませなければ、あと伸びする子が出てきません。「選手が伸びる時期は各々異なる。いつ伸びるかは誰もわからない」と、ドイツのコーチたちは口を揃えます。

クラブにそのような規定があるのは、指導者に対してクラブ側が**「育成期は勝利だけを追い求める必要はありません」とメッセージを送っている**ともとれます。日本ももっとこの価値観を指導者全員が共有しなくてはいけない。このことを痛切に感じました。

コーチング【こーちーんぐ】名

74

類声がけ　しゃべる

「裏狙え！」「サイド来るぞ！」などと、選手がチームのチャンスやピンチを声でサポートし合うこと。ただし、ベンチからの声は「オーバーコーチング」と否定的にとらえられることも。コートサイドから保護者や関係者が、「右サイド空いている」などとアイデアを提示したり命令するのは「サイドコーチング」

こうとらえてみよう！

自分勝手な要求とコーチングは違う

味方が前にパスコースを探せなくて困っていたら「後ろにいるよ」と知らせてあげる。焦って周りを見られずにプレーしていたら「周りを見よう！」と声をかける。チャンスだと感じたら「よこせ！」とアピールできる。

味方が気づいていないときに、それを声にして知らせてあげるのが「コーチング」です。

ところが、ジュニア年代では自分勝手な要求や味方のミスに対する文句になりがちです。

「こっち、よこせよ」

「なんでミスるんだよ」

そう言って口をとがらせている子をよく見かけますね。

それとは逆に、「こっち！　パス！」と呼んだけれど、自分の動きをおとりにして他の選手にパスをしたら、味方に「ナイスプレー」と言ってあげられるか。ぜひそうなるよう導いてあげてください。

大人がミニゲームで一緒にプレーするときに、ぜひ**コーチングのお手本になってあげてください。**

困っていたら、「おーい、後ろもあるぞ。大丈夫だよ」と言ってあげる。例えば、サイドにいて前方にパスを出したら、その子を追い抜いて前へ出ながら「こっちだよ」と前方のスペースを指さしながら走る。つまり、オーバーラップをやってみせるわけです。

そのように、普段通りにプレーしながらコーチングの実例を示してあげましょう。

大人たちは子どもと一緒にプレーすると、自分の技術をことのほか見せようとする人か、なるべく子どもにパスしてゴールを決めさせてあげようとする人に分かれる気がします。

そういったことも必要かもしれませんが、一緒にやりながら声を出してサポートするやり方を教えてあげてください。

伸びしろ【のび－しろ】名

同ポテンシャル　将来性

小・中・高校生といった育成年代が持つ選手としての可能性。例えば、その時点で体が小さいため押され負けしているけれど、技術や戦術眼などに特別な才能が見える。もしくは、スピードはないけれど、センスがあるなど、その選手が将来的に大きく伸びるであろう隠れた要素のこと。

75

こうとらえてみよう！

「センスとは何か」を掘り下げよう

多くの大人たちは、目立つ活躍をする選手に目を奪われがちです。「ドリブルがうまい」とか「スピードがある」といった「わかりやすい力」しか見ていないのかもしれません。

ジェフ時代に、小学生の県トレセンのメンバーを選抜するから見てほしいと呼ばれたことがあります。私とブラジル人コーチのジョゼさんが練習会に行きました。彼はJリーグでも長く育成年代を指導してきたベテランコーチです。

二人で相談しながら注目すべき選手をチェックしていきましたが、他のトレセンコーチがチェックした選手とはまったく一致しませんでした。動揺を隠せないトレセンコーチの方が「選手のどこを見ているのですか？」と尋ねられたので「センスですかね」と答えました。

例えば、他のコーチが丸をつけた子は、スピードがあってドリブルしてゴールを決めるなどとても目立っていました。でも、私たちはその子に丸をつけていません。同じチームでプレーをしていたひとりの選手につけていました。その子は、相手にボールを奪われる場面もありましたが、時々ズバッと速いパスをフィードするなど意外性があって魅力的なプレーをしていました。

「あの子、今、考えてるでしょう？」

「ファインプレーを考えてるね」

つまり**「そんなところでそんなプレーが出せるの？」と見ている側の予想を裏切るプレーをしてくれる。いい意味で大人を裏切ってくれるセンスにあふれていました。**

一方、他のコーチたちは、目立つ子をチェックしていました。大きい、速い、うまい選手ばかりです。「その年代で戦える選手」という基準でまとまっているように見えました。

結局、私とジョゼさんが「この中ではナンバーワン」と二重丸をつけた子は外れてしまいました。選手の見方が違って当然ではありますが、考えようとしている子、センスのある子にもう少し注目しませんか？　もっといえば「センスって何かな」みたいなことをコーチ同士でもっと議論してほしいと思います。

ベンチ【べんち】名

76

同椅子

類コーチング　采配

選手にコーチングをしたり、指示をする人や場所。少年サッカーでは基本的に、普段練習していることを試合でトライすることを促す。もしくは、良いプレーをほめたり、励ましたりする声がけが望ましい。オーバーコーチングは、感情的な言葉や罵声は避けたい。

こうとらえてみよう！「練習したことを表現しよう」と発信する

ジュニアの試合の場合、私がベンチからよく言うのは「練習通りやってないよ」とか「練習したことをやってみようよ」というものです。例えば、その試合前の練習で「ドリブルかパスか落ち着いて判断する」というテーマを持っていたとすると、状況をろくに見ないでドリブルしたり、相手に取られるのが怖くてやみくもにボールを蹴ったりしていたら、そんな声がけをします。

育成期間は、試合の勝ち負け以上に、練習したことを試合で試すことを指導者も選手も意識してやっていくべきです。練習でできたことを試合でチャレンジしないとうまくなりません。試合をする意味はそこにあるのですから。

ところが、子どもたちの試合を眺めていると、ベンチは日頃練習していないことまでやるよう指示をします。流れの中で「キーパー使えばいいじゃない！」とか「前がダメなら後ろに下げればいいじゃない」と当たり前のように言います。サッカーを知っている大人には当然のプレーかもしれませんが、練習していない子どもたちは戸惑います。授業で習っていない難解な漢字を書けと命じられているようなものです。

ただし、例外がひとつ。選手が自発的に自分の判断でやったことなら、特にコメントは必要ありません。

もうひとつ言えば、よくベンチから飛ぶ声は「もっと走れ」です。チームの練習で素走り、つまり走り込みのようなものはやっていても、「どう走るか」は練習していない。にもかかわらず「走れよ！」と怒鳴ったりすることが往々にしてあります。子どもはどう走ればいいか理解していないので、わからないまま「どうしたらいいの？」と言いたげな顔でベンチを見ています。**子どもたちのプレーを叱るのは、自分の指導力が足りない責任を選手に押し付けている**ようにも見えます。

試合でベンチを見ている人はいっぱいいます。見られていることを意識しつつ、「良い指導者のいるベンチ」を見つけてぜひ真似してください。

応援【おう―えん】名

同エール
類激励　称賛

試合に出ている選手のプレーに対し、ベンチにいる仲間やコートサイドにいる保護者や関係者が「ナイスプレー」と賛辞の言葉を贈ったり、「頑張れ」と励ますこと。「何やってんの！」や「ミスするな」などと否定する言葉や態度は応援とは言えない。

77

こうとらえてみよう！

ベンチでわかるチームのレベル

私は小学生の試合で子どもたちにこんなことを話します。

「ベンチからみんながチームメイトにかける言葉で、そのチーム（クラブ）のレベルがわかるよ」

中学年くらいなら、どういう意味なのかを子どもはすぐに察します。そのとき負けそうになっていて「しっかりやれよ」とか、トラップをミスした選手に「もったいないよ！」と叱責が増えていたのなら、すぐに「まだいけるぞ」とか「最後までやりきろう」といったポジティブな激励に変わっていきます。

「ドンマイ！」

「次のことやろうぜ！」

「いつもの練習を思い出せ！」

良い応援は、仲間を勇気づけるエールが続きます。さらにいえば、そんなふうにベンチにいる子どもが温かく応援できるチームは、監督やコーチも同じ種類の声がけをしています。その逆も然り。

「何やってんだよ！」と仲間に文句を言う子どもが多いチームは、コーチも同じように怒鳴っていることが多いようです。**子どもは大人の鏡**なのです。

さらに言えば、ミスしたり失点すると選手がベンチを見るチームは、過剰な指示が多く子どもが主役になっていません。そういうチームは、ミスや失点の瞬間、ベンチにいる子どもやスタンドにいる保護者までもが監督やコーチのほうを見ます。

なぜなら、怒り出すのではないかとビクビクしているからです。そんなふうに子どもたちを萎縮させてはいけません。

自由で何をしても否定されない。そんな空気が最も子どもを成長させるのです。

78

高校選手権【こう－こう－せん－しゅ－けん】名

同全国高等学校サッカー選手権大会

年末からお正月にかけて行われる、高校生の全国大会。2017年度大会で95回目を迎える。3年生にとっては最後の大会。「選手権」が呼称。高校野球の甲子園のように1回戦からテレビ中継があるため、非常に注目度が高い。以前は、各都道府県で力の差があったが近年は拮抗した試合が多い。

こうとらえてみよう！ 埋もれないために

「高校生活最後の大会」とマスコミにイメージをつくりあげられるため、この大会が終わったらサッカーは終わりとバーンアウトしてしまう選手は少なくありません。サッカー人生はまだまだ長く、伸びしろが残された18歳でいてほしいのですが、なかなかそうならないのが高校サッカーの現状ではないでしょうか。

他の回でもお伝えしましたが、出場校には部員が200人規模のチームが非常に多いそうです。試合に出られる可能性が低くても「〇〇高校でプレーしたい。選手権に行きたい」という帰属意識やプライドがそれを上回るのかもしれません。

強豪校、有名校で挑戦したいという高校生の純粋な気持ちなのかもしれません。ただ、ひとつだけ言えることは、**200人以上の部員の中で、埋もれていく選手はいっぱいいるという現実です。**選手権は目指せないかもしれないけれど、近隣の高校で一生懸命サッカーに取り組んでいる部もあります。言葉を重ねることになりますが、試合に出ないとサッカーは上手くなりません。

「埋もれないためにどうするか」

高校生になったら、そういったことを自分で考えられる子どもに育てておいてください。

実力のある子の中にはJリーグの下部組織や海外のユースチームに行く場合もありますが、将来性が高くても「選手権に出たいので」と高校サッカーを選択する選手はまだまだいます。全日本クラブユース選手権という全国大会もありますが、そちらは過去決勝のみテレビ中継はありましたが、地上波ではありませんでした。

女子サッカーの全日本ユース選手権は、決勝は日本サッカー協会のサイトで動画配信されたようです。サイトには「ユース年代最高峰の大会」とありました。

このように男女とも盛り上がりに欠けるところをみると、やはりマスコミの影響力は高いと思わざるをえません。

フェアプレー【ふぇあーぷれー】名

類スポーツマンシップ

互いに全力を出し切り、正々堂々と戦うこと。どんなことをしてでも勝ちたい大人がかかわってしまうと、ユニフォームを引っ張る、時間稼ぎをする、先発メンバーのまま交替なしで何試合もプレーさせるなど姑息な手段を教え込んでしまいがち。結果的に、子どもに汚いプレーや手を抜く方法を伝えてしまい成長を阻害する。

79

こうとらえてみよう！ 高みを目指すなら

先日、「サッカーは子どもを大人にし、大人を紳士にする」というテーマの講演を依頼され話をしてきました。

子どももいたので「フェアプレーとかスポーツマンシップという言葉を聞いたことがある人は？」と挙手を求めたら、驚いたことに誰ひとり手が挙がりませんでした。

どうやら日本のジュニアの指導者は、子どもたちに対しフェアプレーをあまり徹底させていないようです。コーチをしている知人から、小学1年生からユニフォームの引っ張り方を教えるチームがあるとも聞きます。どれもおかしな話ですね。

スポーツは人間形成の場だと誰もが言います。それなのに、勝利を最優先課題にしてしまうと、正しい行いをする良い人材は育ちません。

日本のプロ選手を見てください。トップで長くプレーしている選手は、間違いなく人間としてもすぐれています。

例えば、やんちゃで荒いプレーをしたり、夜遊んだりしていた若い選手が、チームの主力になったり日本代表に選ばれると、一気に変貌する姿を私は目の当たりにしてきました。

このこと自体は良いことですが、彼らがもし、子ども時代からピッチ内でも外でもフェアプレーを貫き真面目に取り組んでいたら、さらに高みに登れたはずだと思います。

フェアプレーについて、子どもとぜひ一度話し合ってみてください。

80 グリーンカード【ぐりーん－かーど】名

12歳以下の試合で、審判が認めたフェアプレーに対して提示されるカード。例えば、外に出たボールが相手ボールなのに、取りに走って相手に渡した選手に与えられる。カードが登場すると、爽やかなフローラルグリーンの風が吹く。大人が熱狂しすぎる試合で出されると、一瞬全員が「正しくあろう」と原点に帰れる効果も。

こうとらえてみよう！
大人への見えないイエローカード

グリーンカードを出すときの審判は、うなずいたり笑顔だったりと良い顔をしています。

私はできれば、グリーンカードを与えた選手に「いいことしたね！　フェアでいいよ！」などと声をかけてほしいと思います。そのように声をかければ、実はわざわざ色の違う3枚ものカードを持たずに済むでしょう。

一方、大人には「見えないカード」が提示されるのをご存知ですか？　外に出たボールを取りに走った子に対し「（マイボールじゃないから）取りに行かなくていいぞ」などと声をかけるコーチや保護者が残念ながら存在します。勝ちたいので体力を温存させたいのでしょうが、子どものフェアプレー精神を阻害する意味ではイエローカード級の行いです。リードしていると時間稼ぎのため「大きく蹴り出せ」と叫ぶ大人もいますね。

試合中、自らの言動は良いこと悪いこと含め多くの人たちに見られていることを、指導者はもっと意識すべきです。

第3章

本質を伝える「サッカー用語」

サッカーは進化するスポーツだから、使う言葉も変化します。
ポゼッション、サポート、球際などなど。
サッカー用語の意味とともに「子どもにどう教えるか」を伝えます。

いなす【いなーす】動

81

同かわす　揺さぶる　だます

相手の力に正面からぶつかるのではなく、横にかわす、あるいは押してきたら引くようなイメージ。ボールを保持していて相手が取りに来た場合や、全体でボールを動かしながら攻める中で、出てこさせて裏をつくこと。もしくはそのような攻撃の仕方（仕掛け）。全員が理解するのが望ましい。

こうとらえてみよう！ 中学2年まで「チャンスならGO」で

いったん押し込まれたように見せかけて、実は相手守備の背後にできた広いスペースにFWを走り込ませる。相手の裏を取る。そのように「引く技」「だます技」が、日本の選手はたとえプロでも不得意です。

なぜ得意でないかと言えば、**ジュニアの頃から、相手をよくみて、どう動くかを先読みして裏をかく攻撃を試す回数が少ないからです。よって、仕掛けて成功する醍醐味を味わっていません。**

基本的にサッカーはもちろんすべてのスポーツの面白さはそこにあると思うのですが、相手の考えを読もうとする、感じようとする選手が育っていません。

いかがでしょうか。選手は、ただただ夢中になってボールを追うだけになっていませんか？　夢中になるのは悪いことではありません。けれど、何も考えずにやってはいけません。

実は選手がそうなってしまうのは、大人の態度が影響しています。

「行け！　そこでボールを取りに行け！　詰めろ！」

そのように煽ってはいませんか？　どこでボールを奪いに行くかは、選手が決めることです。**日本のコーチや保護者がオーバーコーチングでいる間は、子どもたちの中に「こうきたら、かわしてやろう」といった気づきやトライは生まれてきません。**

頑張れ、頑張れと励ますのは良いのですが、黙って見ているほうが、彼らが何をどう感じながらプレーしているかを理解しやすくなります。

「選手が主体」

このことを今一度考え直したいものです。

壁パス【かべ－ぱす】名

同ワンツー
味方にパスした後、すぐに走りダイレクトのリターンパスをもらう一連の動作。相手守備を崩す効果的な技術のひとつ。視野とボールコントロール技術が必要で「簡単にはたく」とも言う。以前「壁パス」と呼んでいたが、最近は「ワンツー」が通称。ポルトガル語ではtabela（タベーラ）で直訳すると「壁パス」。

82

こうとらえてみよう！ パスした後、走らない理由は？

古い話で恐縮ですが、１９７０年代はベッケンバウアーとゲルト・ミュラーの「ダブルパス」が観衆を魅了しました。

壁パスを二度交換することで、二人だけで相手守備を寸断しゴールを奪うのです。しかし、２０１５年度の全国高校選手権で壁パスは多く見られませんでした。

壁パスはシンプルなプレーですが、非常に有効な技術です。そのうえ、ジュニア期から練習していくとパス＆ゴーの習慣が必ず身につきます。

それなのに、指導者はあまり練習させていません。試合でよく子どもたちに「パスしたら走れ！」「何で走らないの？」と怒っているコーチがいますが、練習していないことを試合で出来るわけがありません。

壁パスを習熟させるには、2対1の練習をもっと取り入れましょう。その中でコーチが「もっと壁パス使ってごらん」とアドバイスすると、パスした後は走らざるを得なくなります。

そのうち子どもたち自身が「パス出したら動いてよ」と注文するようになるはずです。

ポゼッションの練習だからと3対1などの鳥かごをやらせることが多いですが、鳥かごばかりしているとボールを保持しない時間で動かない子が育ってしまいます。

それに**壁パスを習熟すればダイレクトパスの精度が上がります。ダイレクトでボールを動かすことで打開できるのが今のサッカーです。**

失敗してもどんどんやらせてください。子どもがイメージしやすい「壁パス」という呼称を復活させたいものです。

インサイドキック

【いん－さいど－きっく】名

対アウトサイドキック

くるぶしの下周辺にボールを当てるキック。日本では、サッカーを始めた子どもに、最初に対面パスなどのメニューの中でインサイドキックを練習させる。大切なキックではあるが、こだわり過ぎると子どもの自由を奪う。欧州は初心者も試合から入るため、多くがつま先を伸ばし足の甲で蹴るインステップキックから入る。

83

こうとらえてみよう！

インサイドキック信仰はそろそろやめよう

日本では長らく「基本が大事だから」といわれ、サッカーを始めたばかりの小学1年生に対面パスなどを練習させるという方法をとってきました。けれども、よくよく考えると股関節を開いてボールを蹴る動作は、実は子どもにとって日常の動作ではありません。

それよりも、**歩く動作の延長のようにして、ボールを正面から足に当てるインステップキックのほうがより日常的**です。足首を伸ばすだけで比較的思ったところにボールを蹴ることができます。

置かれたボールに向かって、よーいドンと走って蹴れば自然にインステップになりますね。ですから、欧州ではサッカーを始めた子どもにはすぐにゲームからやらせて、サッカーを楽しむこと、好きなように蹴ってゴールを入れることを優先させます。

また、「インサイドキックは味方に正確に渡せるから最初にやらせる」という理由もあるようですが、ベストなキックは実は人それぞれ異なります。

例えば、私は足の外側でカーブをかけるアウトフロントやトーキックのほうが正確に蹴れます。足のいろいろなところを使えて多くの種類のキックを蹴れるのが一番ですが、**日本ではインサイドキック信仰が根強い**ようです。ある講習会で、インストラクターのもと、パス&コントロールの練習をしていました。

インストラクターは「インサイドで止めて、出そう」と奨励していましたが、ピッチが濡れてスリッピーだったため、私はボールを止めやすいアウトで止め、そのままアウトで出しました。

すると、インストラクターから「正確に！」という声がかかりました。「ミスはしていませんよ」と告げましたが、納得がいかないようでした。

そもそも、**正確な技術を身につける（獲得する）のは、中学生からでも良い**と私は考えています。もし小学生でインサイドキックを教えるとしても、うまく教えられる指導者はなかなかいません。

例えば「靴の中で足の指を上げてごらん」と言うと、足首が固定されてインサイドで蹴りやすくなります。

パスミス【ぱす－みす】名

84

同ミスパス

類意思の見えないパス

蹴ったボールが長すぎたり、短すぎたり、強すぎたり、方向がずれて味方に渡らないこと。スペースに出したパスが長過ぎ、まるで皮肉のように味方をたくさん走らせるボールは「鬼パス」と呼ばれる。逆に、受けたら次にやるプレーがわかるようなものは「メッセージ付きのパス」と言われる。

こうとらえてみよう！

「逆を見れば？」と促すメリットとは

サッカーの認知度や理解度がある程度上がらなければ、子どもたちは自分の蹴ったボールがパスミスなのか、俗に言う「良いボール」なのかがわかりません。例えば、バックパスは相手に邪魔されず確実に味方に渡せるので一見「ボールをつないでいる」ように見えますが、そればかりではパスのスキルが上がりません。

中学生年代でバックパスばかりする選手がいますが、そういう子はパスミスを非常に怖がっていることが多いです。全員ではありませんが、聞きわけが良く大人に言われたとおりに行動するタイプが多いように見受けられます。

それでは、どうするか。

小さいうちに、2対1の練習をたくさんしてパスミスの意味を理解させてください。ディフェンスひとりを二人で攻める。これは、二人でボールを取られない方法を見つけ出すトレーニングです。低学年では、それなりにボール扱いが上手い子どもであっても、動いている子やその子の近辺にあるスペースになかなかパスを出せません。「ここ、ここ！」と仲間が止まると、ようやくパスを出します。

ところが、パスを出すときにボールを出す方向を向いてしまうので、相手に読まれカットされてしまいます。「君が味方を見ていると、守っているお友だちは君がどこに出すかがわかるよね。君が逆の方向を見ていてパッと出すと、だませるかもしれないね」

そうすると、子どもはだんだんスペースに出せるようになります。なぜかといえば、味方をしっかり見ていないからできるのです。このことは、サッカーに必要な視野の確保のトレーニングにもなります。

ただ、そこで「決してノールックパスの練習ではない」ということを伝えましょう。ノールックを装おうとすれば、パスがいい加減になるからです。低学年からパスミスの意味をぜひ理解させてください。場合によっては、パスミスや微妙なプレーが出たらそこで止めて「このパスはミスかな？」と確認させてもいいでしょう。

ストライカー【すとらいかー】名

同ゴールゲッター　点取り屋
ゴールの匂いをかぎ分ける、どうしたら得点できるかを知っている選手。チャンスのとき以外は消えてしまい、点を取るためにしか動かないようなところもある。過剰に責任が追求される日本では「ストライカーは育ちにくい」と言われて久しく、その打開法も確立されていない。

85

こうとらえてみよう！

シュートを外した子を責めていませんか？

今、日本のサッカー界全体が、ゴールへの意識が不足しているのではないでしょうか。選手も指導者も、得点するためにボールをつないだり、パスをすることに執心しているように見えます。

トレーニングの中でも、ゴールを意識する、ゴールする目標が抜け落ちているのではないでしょうか。最後の最後に、シュートを決めるためにどうすればいいのか。そこのイマジネーションが足りません。

ですから、日本代表の得点力が上がらない。つまり、ストライカーが育ちません。

では、ジュニアの段階でどう修正すればいいのか。

シュートを外すことを恐れない子どもを育てることです。今の子どもは、たとえ公式戦ではなくミニゲームや紅白戦だとしても、拮抗した相手と対戦するとシュートを打たなくなります。

相手が強くなく、一方的な試合になると、どんどん点を取るのに公式戦で本当に強い相手がきたら、やる気さえ失せてしまいます。

「あんな強いところに勝てないよ」と。

ストライカーを育てるには、シュートを外しても絶対に責めないこと。そして、保護者や仲間もそのことを共有することです。サッカーはミスのスポーツ。なかなか点が入らないスポーツ。だからこそ、1点が重い。よってひとつのゴールが感動をもたらすことを根気よく伝えましょう。

それでなくても、日本の教育現場はますますストライカーが育ちにくい環境になっています。目立つ子はいじめられます。子どもの社会は大人の社会同様、集団から「個」が飛び出すとひんしゅくを買う空気が充満しています。

その中で、たまにシュートを外しても平気な子、どんどんゴールに向かう子を発見することがあります。その子の個性を殺さずに育ててください。

パスサッカー【ぱす－さっかー】名

類ボールと人が連動するサッカー　つなぐサッカー

主にショートパスをつないでゴールを奪うイメージのサッカー。無理なドリブル突破を図ったり、俗にほうりこむと言われるロングパスを多用する場合は、パスサッカーの範疇に属さない。日本のマスコミがつくった言葉で、海外ではあまり使われない。

86

こうとらえてみよう！

勘違いなポゼッションとは

「さっきワンツーパスの練習をしたね。次のゲームで何をやりますか？」

するると、子どもたちは「ワンツーパス！」と答えます。

「そうだね。じゃあ、ワンツーでゴールが決まったら100点にします。パス、パス、パスでつなげられても同じ100点ね。じゃあ、やってみよう！」

こう言うと、子どもたちは「よーし！」とやる気満々でピッチに出ていき、どんどんパスをします。

日本では、パスサッカーと対比されるのがドリブルになります。**ドリブルばかり、もしくはパスばかりと決めつけてしまいがち。ですが、本来なら両方を融合して効果的なアタックを考えるのがサッカーです。**

ところが、小学生年代ではドリブルばかりやらせる傾向があります。**大人も子どもも「ドリブルするチームは有能」というイメージがまだまだ強い**ようです。これが中学生になると「ポゼッション」という名のディフェンダーによる後方でのパス回しに変化。これをパスサッカーと勘違いする選手もいます。

しかし、よく見ると後ろだけでしかボールを回せません。なぜなら、個々の選手がボールを保持する前後に、しっかり視野を確保することでアタックするイメージをつくれないからです。周りを見て即座に情報を入れられないため判断スピードが遅れ、自分も他の選手にも相手マークがついてしまい、仕方なく後ろにボールを下げざるをえません。

パスが出せないため、ひとりかわしてドリブルすれば、今度は相手につかまるまでいってしまいます。ドリブルしながら、パスの出しどころを探せません。

このバランスの悪さは指導者の問題です。ドリブルしかできないため上のレベルまで上がれず伸び悩む選手は少なくありません。ジュニアを教える大人は「この年代でパスを教えないと上で困る」と考えてほしいのですが、そう話すと練習で「ワンツーしかダメ」とか「ドリブル禁止」と抑圧する方向の指導になります。冒頭でお伝えしたように、子どもたちが自然にパスをしたくなる状況をつくる工夫をしてみてください。

オフ・ザ・ボール【おふ－ざ－ぼーる】名

87

同ボールがないところの動き

ボールを保持しない状態。サッカーではひとりの選手が1試合でボールを保持する時間は平均2分。残り88分は、この「オフ・ザ・ボールの動き」がいかに有効になされているかが重要といわれる。スペースをつくる、もしくはスペースを使うためのフリーランニングを指す。

こうとらえてみよう！

パターン練習で基本を体得するスペインの小学生

オフ・ザ・ボールの動きに優れた日本人選手はあまりいません。元日本代表監督のオシムさんは、よく嘆いていました。

「日本人は自分がボールがほしいときは走るけれど、他人のために走れない。自分が走って移動することでスペースをつくって、そこで他の選手が生きるようなフリーランニングができないんだよ」

11人制であれば、GKを含めると、誰かがボールを保持していれば、他の10人がオフ・ザ・ボールの状態です。周りをみながら、自分がどう動けば良いのかを常に考えられるようにしたいものです。

例えばスペインでは、日本なら高校生以上が行うような「パターン練習」と呼ばれる攻撃の形を繰り返すトレーニングを、小学生の時期から行います。センターサークル付近でパス交換をしてサイドにパス、ワイドアタッカーが外からドリブルしてクロスを上げる。中央でパス交換していた二人がゴール前に詰めてシュートする。

そのようなアタック練習をいくつかの基本パターンをつくって何度も練習します。その際は守備はつけません。その中で、オフ・ザ・ボールの動きを体に沁み込ませていきます。

ボールがないところの動きを習得するには、人が多過ぎると子どもにはわかりづらくなります。ジュニア期には4対2、4対4など少人数のトレーニングが有効です。**低学年なら、攻撃になると常に動かなくてはならない2対1を繰り返していけば、常にボールとかかわる感覚を養うことができるでしょう。**

テレビなどで選手を観るなら、外国人FWではコロンビア代表のハメス・ロドリゲス。非常によく動く点取り屋です。ドリブルが好きな子なら、メッシを参考にしてもいいでしょう。日本人であれば岡崎慎司選手のゴール前に飛び込むタイミングなどは参考になります。ただし、彼もまだ少しムラがあるようです。

サポートする【さぽーと－する】動

88

同かかわる
対ぼんやりする　ぼーっとする
ボール保持者がパスを出せる場所、かつ攻撃に効果的なタイミングで動くこと。仲間を助けるため、相手の動きに対応してもっと動くべきなのに、指導者が「ポジショニングをしっかり！」と動きを指示してしまうと、選手のサポートする意識や自由な動きを制限してしまう。

こうとらえてみよう！

きれいなボール回しだけで生まれないもの

例えば、サイドアタッカーは、中盤で仲間がボールを保持したら、サイドへ膨らんでボールを受けようとします。そのときに相手DFにパスコースを消されていたとしたら、走るコースを変えるなど自分で考えて工夫をしなくてはいけません。ところが、パスが出ないと立ち止まったまま動かなくなる子が少なくありません。

そのようなことが、なぜ起きるのでしょう。「ポゼッション」することばかりを考えるあまり、全員が連動してゴールへ近づいていくという「サポート」の本質を大人も子どもも忘れているからではありませんか？

「ポジショニング」ではなく、「サポートする」ことをあらためて考えてみませんか。サポート力を養うメニューのひとつは3対1のボール回しです。ボール保持者以外の二人はパスをもらえる位置へ。その位置は、DFの位置によってサポートに動く位置は変わってきます。DFがボール保持者に強いプレスをかければかけるほど、二人は動く位置を工夫しなくてはなりません。

ところが、DFがサボってしまうと、ボールを持たない二人は工夫しなくてすみます。ボールも回ってスムーズに見えます。でも、ここに進歩はありません。本当の練習になっていないのです。そこをチェックして「それでいいのかな？　練習になってる？」とか、あるいはDFの子に「簡単に回せているのはどうしてですか？」などと選手に気づきを与える問いかけをする指導者はあまりいません。パスがきれいに回ればそれで満足してしまっていないでしょうか。

ジュニア期に、サポートの正しい概念を教えることは重要です。なおかつ選手に自由にやらせていれば、本来なら試合の中で学べるはずです。最近は「サポート」の言葉をあまり聞かなくなりました。その代わりによく聞くのが「ポジショニング」です。**日本のプロ選手をみていると、もっともっと走ってサポートする習慣をつけなくてはならないと感じます。**

パーフェクトにできなくても良いので「もらえそうになかったらコースを変える」「動き直しをする」といったサポートの概念を理解させてください。

プレッシング【ぷれっしんぐ】動

同 圧力をかける
対 ボールを回される

ボール保持者に圧力をかけ、積極的にボールを取りに行く動作。「アプローチ」もしくは「寄せる」と言う指導者がいるように、ガツガツと激しくボールを奪い取るイメージが日本では薄い。小学生年代はアプローチよりも「アタックする」イメージで伝えたほうがプレッシングに近い。

89

こうとらえてみよう！ 欧州でカバーリングを教えない理由

元清水エスパルス監督のゼムノビッチさんが「日本人はなぜもっとボールを取りに行かないんだろう」と首をかしげていました。プロになっても激しいプレッシングができない理由は、育成期に問題があると感じています。

どの国でも、守備をする際の決まりごとのひとつとして「チャレンジ&カバー」を選手に伝えます。文字から連想できるように、チャレンジはプレッシングのことを指します。つまり、ひとりがプレスに行って、抜かれたりマークを外されたりしたときに、他の選手がカバーするよう働きかけます。

一方、欧州の小学生年代では「チャレンジ&カバー」をあえて教えません。それなのに「ボールマンにもっと厳しくアタックしよう」と教えます。そのうえで「ボールマンを二人で挟みに行ってはいけません」とも伝えます。なぜだと思われますか？

それは、**守備の基本中の基本である「1対1の守備能力」を、ジュニア期に高めるためです。**チャレンジ&カバーは大事なことですが、小さいときにこれを教え込んでしまっては、抜かれたり守備を崩されたときの責任の所在が明確にならないため、守備での責任感が養われません。だからこそ、欧州のコーチは「ひとりで行こう。君の責任だよ」と伝えるのです。

激しくプレッシングする。でも、抜かれない。崩されない。そういった個々の守備力の強化を目指さずに、チームで守って勝つ、といったことに主眼を置き過ぎてはいませんか。**大人のサッカーをしすぎてしまうと、大きくなってからボールを奪いにいけない、もしくは1対1に弱い選手を育ててしまいます。**

チャレンジ&カバーがジュニア期で完成されてしまうと、対戦する選手は中盤でボールを持つ経験を積めません。それが大人になっても続いてしまうため、よく日本のサッカーはこう揶揄されます。

「(灼熱の) 砂漠の上で、裸足でサッカーをやっているようだ」

相手のプレッシャーを受けるとあわててしまうのです。

引っ張る【ひっぱーる】動

90

サッカーでは主にファウルをする際によく見られる。ドリブルで抜かれそうになるとユニフォームをつかんで相手を止めようとする行為。CKの際、ゴール前の競り合いで相手の腕を引っ張る子もいる。「それはマリーシアの一種だからいいんだよ」などと言い訳し、認めてしまう大人こそ、子どもの足を「引っ張っている」ことをお忘れなく。

こうとらえてみよう！ 何年生から引っ張っていいの？

少年の試合を観ていたら、ＣＫ（コーナーキック）の守備のときに相手の腕を引っ張るよう、ベンチが指示していました。良くないねという話をしたら、コーチはこう言いました。

「それじゃあ、何年生から教えたらいいんですか？」

実際にあった笑い話ですが、ジュニア時代にファウルをして守ることを体で覚えてしまうと、もうその子には進歩はありません。

小さいときに覚えたことは、良いことも、悪いことも、しっかり身についてしまいます。

中学生年代、高校生年代、男子だけでなく女子でも、ＣＫの際に相手のユニフォームを引っ張る選手がいます。しかも審判に見えないよう巧妙にやります。だから、育成が重要なのです。

大事なのは、ユニフォームを引っ張ることではなく、予測してポジショニングすることです。

欧州の子どもは、相手と接触して転んだ際にファウルを取ってもらえなかったとしても、すぐさま起き上がります。その態度は、まるで「時間がもったいないよ。さっさとサッカーしよう」と言わんばかりです。日本の子どものように、いちいち両手を上げて審判にファウルを要求したりしません。

「でも、プロ選手がユニフォームを引っ張るから、子どもがやるんじゃないですか？　まずはそこをどうにかしてください」

ベテランの指導者にそう言われたことがあります。言葉には出しませんでしたが、こう言いたかったです。

「その選手を育てたのは、みなさんですよ」

ビハインド【びーはいんど】名

91

同試合で負けている状態

英語の前置詞behind（ビハインド）は、「～の後に」「～の後ろに」「～の裏側で」といった意味。サッカーにおいては、試合で相手以上に失点してしまい負けている状態を指す。過度に大人からのプレッシャーがあるチームは、その状態になると子どもがどんどん下を向き、大人は怒鳴ったり、寡黙になる。

こうとらえてみよう！ 負けている時間は、大人も子どもも試されている

少年の試合を観ていると、大人に強い圧力をかけられた子どもたちは一目でわかります。自由な発想でボールを動かしたり、思い切ってインターセプトを狙ったりする動きがまったくないからです。失点してビハインドの状態になると、そのことはさらに明確になります。選手全員が下を向き、ひどい場合はたった1点取られただけでそうなります。

失点しても、大人が「大丈夫だよ。取り返そうぜ！」と励ませば、子どもはたった1点のビハインドなど大したことじゃないと思えます。ジェフで中学生のチームを教えていた頃、5点差になっても「取り返そう」「自分たちのサッカーやろう」と声をかけ合っていました。そして、大量失点の末にようやくゴールを挙げると、選手は飛び上がって喜ぶのです。

失点を重ねても折れない心。それこそがフェアプレーであり、サッカーを通して子どもたちに理解してほしいことです。ところが、指導者や保護者はこう嘆きます。「うちの子どもたちは、先制されると弱いんです」「打たれ弱くて、すぐあきらめてしまう」

そうなってしまうのは大人に問題があると私は考えます。以前、ある雑誌の編集者から「子どものプレッシャー克服術を教えてもらいたい」と言われたことがありますが、これこそ本末転倒ではないでしょうか。子どもが特別なプレッシャーを感じる状態にしてしまうほうがおかしいのです。

何度も言い続けていることですが、小学生時代は「サッカーは楽しいもの」ととらえてほしい。楽しむのに、プレッシャーは必要でしょうか。**大人に余計なプレッシャーを与えられた子どもは萎縮してしまい、自分で考えてプレーなどできません。**

「うちのチームは自分で考えさせるようにしています」そう話す指導者が試合では「自分で考えろ！」と怒鳴っています。そういうときは大体ビハインドのときです。逆に「さて、この子らどうするかな？」という見方をしませんか？　負けているときこそ、子どもも大人も試されるとき。成長できるチャンスなのですから。

フリーズ【ふりーず】名

対シンクロ

直訳では「凍る」だが「静止する」の意味。サッカーでは指導形態の一種で、練習の最中に、コーチがプレーを一旦止め、アドバイスしたい状況（陣形）に戻してから説明すること。プレーの選択やタイミングが間違っていた、他にも良い方法があるときに行う。多用し過ぎると練習の活気を薄めてしまう場合も。

92

こうとらえてみよう！「シンクロ」の難しさとは？

フリーズは私も時折行います。

「シュートしたけれど、右のほうにフリーの味方がいたね。そこは見えた？」

「スペースに飛び込んでいた子は、ボールちょうだいって呼んだの？」

そんなふうに説明したり、パスをもらえない子には、元の状況に戻してから質問します。

「ぐるっと見まわしてごらん。いま、君が立っている位置でボールをもらえますか？」

そのように**丁寧にサッカーを教えていくことも、ジュニア期は必要なことです。**もちろんジュニアより上の世代でも、どう動いたほうがよりベターか？　といったフリーランニングや、戦術眼を養ってもらうためにも説明することがあります。

とはいえ、最近は、フリーズではなく「シンクロ」で指導する傾向があります。シンクロとは、流れの中で声をかけていき、選手に動きながら考えさせていく手法です。ただし、シンクロは、指導するほうもそれを受ける側も、多少高度な指導力や理解力が必要です。

経験の浅い指導者は、焦るあまり「どこ見てんだ！」などとついつい怒鳴ってしまうことになりがちです。また、ずっと言い続けるのもいけません。

「見てる？　左見た？　右見た？　見てないよね？」と、過剰にヒントを言ってしまう。もしくは、同じ選手にばかりアドバイスしてしまい、考える余裕を与えない。

もうひとつ、言い続けるのがダメな理由は、ほめるのを忘れてしまうからです。

「今の、良かったね」

「あ、面白いプレーしたね」

と、**ほめることも、アドバイスと同じくらい大事なことです。**

ですので、無理にシンクロでやらず、フリーズさせていいのです。その際は、説明だけではなく、「どう？うまくいってる？」「これでいいのかな？」と自分たちの状況に気づかせる声がけも忘れないでください。

ファーストタッチ

【ふぁーすとーたっち】名

同ボールコントロール
類トラップ
判断を伴うトラップを指す。「相手守備がどこにいるかを見て（感じて）、どこにボールを置くのが良いのか」という判断をしたボール扱いのことを指す。日本では「判断を伴う」という意識が指導者サイドに薄いため、選手に対して正確にボールを止める要求に偏ってしまいがち。

93

こうとらえてみよう！

判断を伴うボールコントロールの上達法とは

マーカーを目印にして、ボールをコントロールして対面パス。実際の試合では正面から来たボールを、再び正面に蹴り返すといった場面はありえません。それなのに、そのような練習をしていませんか？

でも、実際の試合では、相手が自分の近くにいなければ、ファーストタッチは前に大きく出したほうが相手に脅威を与えられます。自分の右側に相手がいれば、左のスペースにボールを置く。左側にいれば、右のスペースにボールコントロールする。ゴール付近なら、そのままダイレクトにシュートの場合もあるでしょう。

そのようにして、一瞬で相手のマークをずらして優位に展開するためには、ファーストタッチの判断と技術は非常に重要です。

体得するための実戦的な練習が足りません。海外のコーチも「日本の選手は止める・蹴るは上手いのに、試合になるとうまくいかない」と言われます。

これは、相手守備からのプレッシャーが来るとあわててしまうからです。それに比べて、小さいときから実戦的な練習をしている欧州や南米の選手のほうがファーストタッチのうまさは上だと感じます。

表面上は、「トラップ」という言葉を最近あまり使わなくなりました。代わりに言われるのが「ファーストタッチ」「ボールコントロール」です。が、両方の言葉を使うときに、**「判断を伴う」ことを意識している指導者が少ないように思います。**

うまく止めたとか、タッチが柔らかいといった技術面だけでなく、そこに判断があるかどうか、その選択がどうだったかを選手と考えてください。そうすれば、常に足元でしかコントロールできない（足元でしかコントロールしない）選手は減っていくはずです。

一方、ボールを止めるための技術練習が少なくなっているのも事実です。インサイドのコントロール、アウトサイドのコントロール、**もも、胸など体のさまざまな部位を使うことを意識させましょう。**もっといえば、スローインのときにどう止めるか、体のどこを使ってコントロールするかといった練習も必要です。

間合い【ま-あい】名

同距離感

相手と自分との距離のこと。ボール保持者にどのくらい寄せるか。もしくは、インターセプトをするとき、マークする相手とどのくらいの距離にいればボールを奪えるのか。取れる間合いを自分の感覚として見つけておくことが重要になる。攻撃時は、間合いが狭くてもコントロールや的確な判断ができるのが理想。

94

こうとらえてみよう！

ハリルホジッチが指摘した「日本選手の甘さ」

ボールを取れる「間合い」は、教えられるものではありません。練習や試合の中で、自分の力で見つけ出す（獲得する）必要があります。そのためには、指導者がいっぱいミスをさせてあげること。それに限ります。

「ボールを取られてもいいよ」
「抜かれてもいいよ」
「積極的に獲りに行ってごらん」

そのように、トライさせてあげてください。中には、コーチがそのように接しても、失敗を恐れて消極的な守備しかできない選手もいます。

その場合は、「ここで（積極的に）やらない限り、ボールを獲れる間合いは絶対に見つけられないよ」ということを伝えてあげてください。

ハリルホジッチ監督が就任直後に日本代表がゲームを行った際、いくつかの目立った点のひとつに、激しいプレスディフェンスが挙げられます。

ハリルホジッチ監督は練習でも、相手との間合いを数センチ単位で指示していたそうです。つまり、監督の目からすれば、日本代表選手たちの「間合い」が甘く映ったのでしょう。世界と戦うためには、日本人の持つ「間合い」の基準ではなく、「もっと詰めなさい」ということなのです。

『プレッシング』（P．184）で、日本の選手が「詰められない間合い」の原因はジュニア期の指導にあると話しました。元清水エスパルス監督のゼムノビッチさんが、「日本人はなぜもっとボールを取りに行かないんだろう」と首をかしげていたことなどを紹介しました。

1対1で抜かれない責任感やボールを奪い取る激しさを、育成年代からもっと養わなくてはいけないのです。

練習メニュー【れんしゅう－めにゅー】名

同トレーニングメニュー

サッカーが上手くなるために行う練習の種類やその方法。ジュニア期は、チームプレーを促すための練習を多く取り入れる。その代表的なものは2対1。遊びの要素を入れたレクリエーションゲームも必要。仲間と何かを達成する喜びを味わったり、目標に向かって協力することで人とつながる価値を実感させる。

95

こうとらえてみよう！
仲間を感じてサッカーをする

うまくなるには、サッカーを楽しむことが重要です。指導者がそのために何をするかと言えば、適切な声がけと適切な練習メニューを提供することだと考えます。

メニューの中でも、小学生で特に大切なのが「仲間とつながりを感じるメニュー」です。**その代表的なものが2対1。攻撃になると相手がひとり少ないため、味方をどう使うか、自分がどう生きるかを見つけやすい練習だからです。**

しかも、この2対1を1年生のときから徹底的にやったチームの選手が大きく成長し、中にはかなり将来を期待される選手が出てきています。

もうひとつは、マットに全員で乗ってみる、というレクレーションゲームです。徐々にマットを小さくし、それぞれがぎゅうぎゅうにくっついて工夫しなければ全員で乗れません。その早さをグループで競わせるなどゲーム感覚で楽しむ中で、つながりが生まれます。

他には、手つなぎ鬼ごっこ。例えば、4人で手をつないで鬼ごっこをします。足が速い子が真ん中がいいか、端っこがいいのかなど、子どもたちは相談しながらやります。

どれも昔は遊びの中でやっていたようなことですが、今の子はたとえ男の子同士でも「はーい、手をつないで！」と言うと、「えーっ」と悲鳴を上げたりします。これは日常的に親子で手をつなぐといったことをしていないなど、家庭のありようが変化していることも影響しているのかもしれません。

冒頭でお伝えしましたが、もう一度念を押しておきます。子どもは声がけだけでは、伸びません。その子たちに応じた適切な練習メニューが必須です。

もし、お父さんコーチの方などでメニューの組み立てで迷ったら、うまくいっているチームの練習を見せてもらってください。怒鳴ったり、叱りとばさない。でも、子どもがうまくなっている。そういうチームをいくつも見て真似をしてみましょう。

球際【たま－ぎわ】名

同デュエル

ボールコントロール時やイーブンボールでのボールの奪い合い、その処理をするところを指す。「球際に強い選手」「球際の攻防が激しい」といった言い方をする。ハリルホジッチ監督が日本選手の弱点に挙げたことでも知られる。ハリルジャパンでは、1対1の決闘を意味する「Duel」（デュエル）と呼ばれた。

96

こうとらえてみよう！ 球際の弱さの原因は？

京都サンガのU－15が、同じくU－15のシンガポール代表と試合をしたときのことです。シンガポールの選手は球際が激しく躊躇せずに足を出してきたため、サンガの選手は足とボールを一緒にかっさらわれ転んでいました。あまりの勢いにビックリした選手たちは、動きが一瞬止まるほどでした。

このトレーニングマッチの主審は国際審判員が務めていました。シンガポールの選手の足がちゃんとボールにいっているときは、京都の選手が転んでもファウルを取りませんでした。

球際に激しく来られると、日本選手は非常にもろいと感じます。ハリルホジッチ監督も同じことを代表やJリーグの選手に見てとったのでしょう。「相手から1メートル離れていたら、それはプレッシャーとは言わない」と選手に伝えたそうです。

日本選手の球際の弱さは、すでに『間合い』や『プレッシング』でも説明したように、ジュニア期の指導にも原因があります。

コーチは試合中、自分の教え子が球際に厳しくいって相手の足を蹴ったりすると「反則だからやめなさい」と言いがちです。中には、ひどく感情的になって怒鳴りつけたりします。

私はそんな状況では「足じゃなくて、ボールをちゃんと見ていくといいよ」と言います。決して怒りません。**「反則だろ！」と怒鳴ってしまえば、せっかく球際に厳しくいったことを否定してしまうことになります。**子どもを萎縮させるため、ボールを奪いに行く勇気を奪うことになりかねません。相手の足に当たってしまったのなら、「ごめんなさい」と言えばいいのです。**指導者は自分の選手にも他チームの選手に対しても、もっと寛容になってほしいものです。**

ボールを奪えず反則になると怒られるので、相手との距離を中途半端に寄せるだけの「アリバイ・ディフェンス」しかできない選手になっていきます。サッカーと出会う小学校の6年間は、選手にとって非常に重要な時間なのです。

数的優位【すうてきゆうい】名

97

同 余っている　オーバーナンバー

2対1、3対2など、攻撃側がひとり多い状態。ボール保持者が相手守備をひとり引きつければ、0対1、1対2など、相手にとっては必ずひとりをフリーにしてしまうアウトナンバーな状態ができる。他には、対戦相手に退場者が出て11対10などで戦う状況も同じ。

こうとらえてみよう！「みんなでゴールを奪う」意識付けを

カウンター攻撃などで、瞬間的にひとり少ない優位な状況になれば、そのアドバンテージを効果的に生かすとゴールできます。例えば、2対1の状況で、ボール保持者がキックフェイントをすれば、ディフェンスはそちらに動こうとする。それを見て抜いていけば、最終的にフリーでシュートできます。

ところが多くの場合、日本の選手はそうしません。この瞬間、数的優位になる、といった理解がなかなかできません。カウンターでなくても、選手とボールが連動して動いていれば簡単に数的優位な状況はつくれます。例えば、サイドハーフの選手が自分のマークマンをうまく振り切って裏をついたとしましょう。その瞬間、その近くでボールを持った中盤の選手は、フリーになったその選手にスルーパスを出すなり、自分のマークがつられそうなら抜いていくといった仕掛けをしなくてはなりません。

その有利な状況をまったく有効利用せずに自分のリズムで1対1を仕掛けてしまう。プロの選手でも、そんなことがたくさんあります。

なぜ、そうなるのか。**それはジュニアの頃から「みんなでプレーしてゴールを奪う」という意識を積み上げていないから**だと私は思います。

そこに気づいていたオシムさんは「日本人は小さいときからもっと数的優位の試合やトレーニングをしたほうがいい」とよく話していました。目の前のプロの選手たちが、数的優位を生かせない現状をよく理解していたからでしょう。

以前、小学校高学年の地域トレセンの6対3のミニゲームを見ていたら、3人側ばかり点を取っていました。人数が少ないためボールを奪ったらすぐに前へパスを送らなくては得点できないからです。では、6人のほうはどうしているかというと、ボールをもらうたびに目の前の相手を抜こうとしていました。

これが日本の現状なのです。

クローズドスキル

【くろーずど－すきる】名

ボールを思うがまま、自由に扱える技術。英語では(closed-skill)対面パスやコーンドリブル、リフティングなど、ひとりで行うトレーニングによって習得する技術のこと。反対に、オープンスキル(open-skill)は状況に応じて的確なプレーを選択する判断力を指す。2対1や2対2、3対3といった対人トレーニングで養われる。

98

こうとらえてみよう！

「止まっているボールを蹴る」は練習ではない

小学生の低学年や中学年の練習では、クローズドスキルのトレーニングが多いようです。彼らはサッカーのいわば初心者ですので、それらは基本技術を身につけるためには重要ですが、**もっと相手がいて変化する状況に対応するオープンスキルの練習を増やしてほしいと思います。**

なぜなら、試合中に止まったボールをキックする場面はコーナーキック、フリーキック、それとゴールキックくらいです。ほとんどの場合が相手をかわすことを考えながら、動くボールをコントロールして蹴ります。**そう考えると、本来止まっているボールを蹴ることは、技術練習ではないということです。**

例えば、ひとりでやる壁パスは、蹴り方を覚えるためには有効です。蹴ったボールは跳ね返ってくるので何回でも蹴られます。ただ、それは基礎・基本ではありません。キックの基礎・基本は、動かない壁ではなく、動いている人へ蹴る。もしくは味方が走った先で追いつくであろう「スペース」へ蹴ります。その練習をたくさんしてほしいのです。

欧州へ視察に行くと、ドイツやフランスの子どもたちは、スペースへ走りながらボールを受けたり、スムーズにボールをつなぎます。サッカーという競技の認知度が、日本の子よりずっと高いのです。これは、オープンスキルが足らないこともひとつの理由でしょう。

キックのスキルや、動きながらボールをコントロールする技術を磨くには、2対1の練習が有効です。体が小さく近いところにしかパスが飛ばない低学年にもできます。2対1なので狭いエリアでできて、パスもできる、シュートもする。キックのレベルが上がります。3年生ぐらいになったら、スペースを少し広くして、3対1や3対2にしてあげると良いでしょう。視点を変えれば、ディフェンスの練習もできます。守りが良くなると、それをかわすキックの技術も比例して上がってきます。

周りの状況を見ないといけないので、自然に顔が上がってくる。周囲を見渡すようになり、サッカーに大切な視野を持てるようになります。

GK【ごーるきーぱー】名

同キーパー　守護神

サッカーにおいて、ゴールを守る最後の砦。そのため「守護神」などと呼ばれる。サッカー先進国のドイツでは子どもに最も人気のあるポジションだが、日本では人気薄。ジュニア期はチーム全員が交替で担当するほうが良い。向いている子もフィールドプレーヤーと練習を積んだほうが足元の技術が養われる。

99

こうとらえてみよう！　チャンスは全員に与える

ドイツをはじめ、欧州などではすこぶる人気があるのに、日本では冷遇されている（？）ポジションです。

最終的にゴールを許してしまうと、過度に責任を感じてしまうのでしょうか。「入れられると嫌だからキーパーはやりたくない」という選手が少なくありません。

もしくは、見ている親御さんのほうが過度に反応してしまう場合もあります。ＧＫとして試合に出たわが子に対して「どうしてゴールキーパーやるの？」などと聞いてしまう方がいらっしゃるようです。

私は、基本的に全員がＧＫをやる練習メニューを考えます。コーンでゴールをつくって二人組をつくらせ、交替でキーパーをやらせます。交互にシュートをし、５分間でどちらがたくさん入れるか、といった競争もします。勝った者同士、負けた者同士というふうに続けていくと、チャンピオンが生まれます。

この場合、シュートがうまい子が必ずしも勝ち上がるわけではありません。セーブ力も関係してきます。

そのような練習をやっていれば、どの子もボールをセーブする面白さなど、ＧＫの醍醐味を味わいます。中には、興味が生まれる子もいるでしょう。

小学生の間は、フィールドの選手と分けて行うトレーニングは必要ありません。それなのに、多くのクラブが、専門的なメニューをやり過ぎていると感じます。しかも、早くからＧＫとして特定の子を選びます。それは、試合に勝ちたいからではありませんか。

たとえ、ＧＫに向いている子がいたとしても、ジュニア期は足元の技術をしっかり身につけさせる時期です。今やＧＫは「11番目のフィールドプレイヤー」と言われます。足元が下手な子をキーパーにする傾向がありますが、それこそ間違っています。私がジュニアのチームを持っていた頃は、毎試合ポジションを変えるので、誰でも必ずキーパーの経験ができました。

「ＧＫはサッカーが下手な子がやるポジション」という固定観念がないでしょうか？　世界基準のＧＫがなかなか生まれてこないのは当然です。

「ＧＫのチャンスを全員に与える」意識が大切です。

ポゼッションサッカー

【ぽぜっしょん－さっかー】名

対カウンターサッカー

ボール保持率を上げる中で得点チャンスを増やしてゴールを奪うサッカーの攻撃スタイルのひとつ。日本代表やJリーグも、保持率は上がったが攻撃チャンスが増えていないように見える。ジュニアでも同じ傾向があり、相手に奪われたくないため安全にボール回しをする傾向があり、不要な横パスやバックパスが多い。

100

こうとらえてみよう！

カンテラのバックパス禁止令

残念ながら日本では、ポゼッションサッカーの考え方が、本来の意味とは違ってしまっているように思えます。**「相手に奪われないよう、トライせず安全にボールを回すサッカー」と履き違えている選手や指導者が多いようです。**

ジュニア年代では、4対2などの練習でゴールを置かずにやってしまってはいないでしょうか。たとえ、それがパスワークを磨くことに主眼を置いた練習であっても、ゴールを置けば、攻める方向がわかりますし、シュートの意識を持つことができます。

それなのに、4対2でボールを取られずに上手く回せるようになっただけで、みんな満足してしまうようです。そのパスワークやボールキープ力を、試合でどうゴールに結びつけるかという観点が欠けているように見えます。

ところが、近年ポゼッションサッカーが主流になる起点となったバルセロナの子どもたち（カンテラ）は、それとはまったく逆のトレーニングをします。例えば、ミニゲームなどで突然コーチから言われます。

「ここからは、ボールを後ろに下げてはいけません」

「バックパス禁止令」です。後ろに下げられないので、ボールは前へ前へと進み、バックの選手や、ボランチの選手は、次々と前の選手を追い越してプレーしなければならなくなります。そうすることで、アタックにモビリティー（流動性、活動性）が生まれます。

こんな指示もします。

「自分とボールを線でつなぎなさい。いつもその線の上に飛び込んでいけるよう準備をしなさい」

一瞬でも、ボール保持者のブラインド（視野から隠れるところ）にならない。**常に見つけてもらえる位置にいて、ゴールに向かって攻撃しなさいという意味です。**

よって、カンテラの選手は、前後だけでなく、斜めに深く走り込んだり、カーブを描いて斜めに動いたりと、ボールのないところでの動きが多彩です。日本の子どもたちは前後にしか動いていません。ぜひ、ここを改善したいものです。

8人制フォーメーション

【はちにん－せい－ふぉーめーしょん】名

類8人制のシステム

1－1－2－1－2－1のシステムにすると、ダイヤモンドが二つ作れる。さまざまな場所にトライアングルが生まれ、視野を確保する訓練になる。3－3－1にしているチームも多いが、もっとトライアングルを意識させたほうが良い。「DFは守備、FWが攻撃」といったポジションごとで動くイメージを捨てること。

101

こうとらえてみよう!

「1-2-1-2-1」のメリット

チーム戦術としては、小学生で何を覚えさせますか？

この時期は、「幅」と「深さ」を教える時期です。幅は横の関係やスペース、深さは自分とゴールの最短距離になる縦の関係とスペースです。それには、随時トライアングルが生み出せる状態でポジショニングできると覚えやすい。ですから、**「1-2-1-2-1」を勧めます。**

するとみなさんに、困ったような表情で「池上さん、ディフェンスは一枚ですか?」と尋ねられます。私はこう答えます。

「いえいえ、両サイドの子もいますよね。その子らが守備に下がったり、攻撃に上がったりすればいいのですよ。もっといえば、その前にいる子たちも、攻撃になれば全員で攻め上がる、守備になれば自分の近くで危険を察知した子が止めに行く、というふうにやってください。全員攻撃、全員守備の意識を植え付けるのです」

日本の4種が8人制へ移行したのは、攻撃回数や個々のボールタッチの回数を増やすためだと言われていますが、それだけではありません。空間認知や、幅と深さを理解させる必要があるからです。そのためにはトライアングルを作りださなくてはなりません。

でも、みなさんがよく採用している「3-3-1」では、有効な三角形をつくれません。また、最後尾でDFとなる3人はほとんど動かないし攻撃参加しません。現実的に機能しているように見えません。

「全員攻撃、全員守備」は、いかにも「しんどそう」に見えるかもしれません。だから、たくさんメンバーチェンジし、1日の試合数を1試合だけにする。その代わり、1試合に全力投球させて、ずっと走ってもらいます。小学生にサボり癖をつけさせてはいけません。

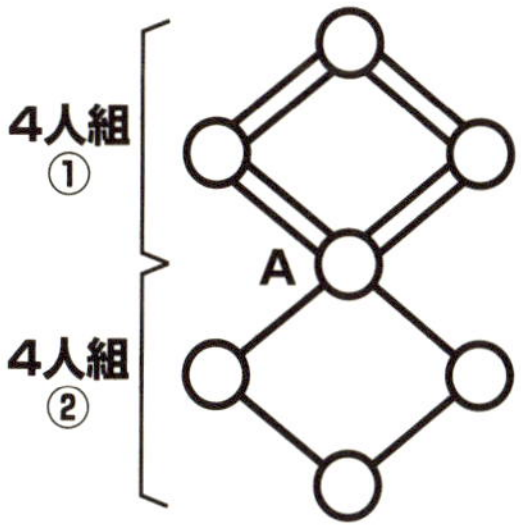

フィールド上の7人（+GKで8人）をこのようにAを重複してわけると、4人ずつ二つのひし形が生まれる。トレーニングはこの4人をベースに行う。

102 危機察知能力【ききーさっちーのうりょく】名

同危険予測能力

守備の際に、危ない場所や瞬間を予測し、対応できる力。シュートにつながるスルーパスをインターセプトする、相手チャンスの芽を摘む、シュートを阻止するなど、予測して動ける力。もともと備わっている選手もいるが、努力と経験による部分も大きい。この能力が高い選手の名前を挙げるなら、元イタリア代表のガットゥーゾ。

こうとらえてみよう！

目に見えづらい能力を高める方法とは

「危機察知能力は、どうやったら高められますか？」

そう尋ねられれば「まずは、自分で考えられるパーソナリティーを育てることです」と答えますが、指導者の対応も重要です。

ポイントは二つ。**ひとつは、ゲームの中で、子どものトライを阻止しないこと。** プレーする子どもが、本当は「ボールを奪いに行きたい」と思っているのに、コーチが「ここは取りに行くな、遅らせろ（ウェーティングしなさい）」と指示してしまうことが多いようです。

100％の力でプレーさせないのでは、力を伸ばせません。特に、中学生の中にボールを奪うのが上手い子はいるのに、そういう子を育てられていません。「守備はこうするものだ」と大人のサッカーを早くに教えてしまうので、育てられないのです。

トレーニングの際のコーチング（声がけ）の問題を指摘しましたが、もうひとつは、**トレーニングのやり方の問題です。**

危機察知能力は、ピッチの上でのたくさんのことが見えていて、それを分析し判断する力になります。そのような力を育むのはゲームです。それなのに、課題を見つけると、どうしても練習を「切り出して」行おうとする傾向があります。

集中して教えると、効率よく上達すると思い込んではいませんか？　育成は時間がかかるものです。促成栽培はできません。危険を察知する力や、空間認知、判断力といった目に見えづらいスキルは、特に時間がかかります。

例えば、1対1が弱いからと、それだけを切り出してやるのではなく、2対1の中で1対1を意識してやらせれば、もっと広い視野でできます。そうすれば、先ほど挙げた「目に見えづらい能力」も高められます。

マークする【まーく－する】動

同つく　注意を払う

守備の際に、自分の近くにいて次のボールやチャンスにかかわりそうな相手を、警戒する、もしくは体を寄せてボールをもらいづらい状態をつくること。指導者は「マークしろ」と命じるが、どうやればいいか教えていない場合も。ドイツではある年代までは試合でもマンマークを徹底させ、個々の守備を強化した。

103

こうとらえてみよう！

マークの三原則とマンマーク

「マークする」という行為が、どんなことなのかをみなさんは子どもに教えていますか？　小学生や中学生年代では、きちんと教えられていないようです。

マークの原則を伝えるには、まずマンマークを教えなくてはいけません。小学生でもほとんどのチームがゾーンディフェンスで守りますが、ゾーンを敷いていても、ほとんどの局面でマンマークになります。

ですので、マンマークの能力を高めるために、**小中学生はもっとマンマークで試合をやったほうが良いと思います。**例えば、練習試合やミニゲームで、もっとマンマークのトレーニングを積んだほうが良いと、周囲の指導者には勧めています。

「マンマークの原則」は三つあります。

①ボールと自分のマークする選手が見える位置にいる。
②ボールとゴールを結んだ線上にいる。
③自分のマークへのパスをカットできる距離にいる。

三つの中で、最も難しいのが①です。自分のマークは常に動いている。相手のボール保持者も替わる。よく「マークをつかまえていない」と言いますが、ボールウォッチャーになっている場合がほとんどです。

この能力を上げるには、マンマークで守るトレーニングを増やして経験を積むしかありません。一度、ある県の12歳以下のトレセン講習会で頼まれ、私が練習を指導したことがありました。そこで、「守備になったら、ずっと同じ相手をマークしてみて」と、マンマークで試合をやってみました。

すると、困った現象が起きました。攻撃側がボールをまったく回せなくなるのです。ひとつパスを出すと、もうボールが出てこない。なぜなら、攻撃側がマンマークしてくる相手を振り切って、ボールをもらおうとしません。仕方がないのでボールを持った選手がドリブルで抜いていっても、顔を上げた時点で周りの味方は全員マークされた状態なのでパスができませんでした。

マンマークのトレーニングを続ければ、攻撃側の「マークを振り切る力」も間違いなく向上します。ドイツは小中学生までマンマークで試合をしているようです。

フィニッシュ【ふぃにっしゅ】動

104

類合わせる　仕留める

ゴールを決めるための行為である「シュート」のイメージのひとつ。来たボールに対し、足をタイミングよく合わせるもの。数的優位の攻撃でフリーになった状態で行うことが多い。ジュニアの年代では、足を合わせればいいだけなのに、振り抜いてしまう子が多い。プロでも時折見かける。

＼こうとらえてみよう！／

フィニッシュのイメージを体得するには

「シュートはゴールへのパス」と言いますが、シュートには大きく分けて、二つのイメージがあります。

以前、元清水エスパルス監督で育成年代の指導にも詳しいゼムノビッチさんに聴いた話です。

「ヨーロッパの子どもは、シュートチャンスとフィニッシュは違うイメージだってことを知っているよ。日本の子どもたちはそこのイメージをもっと明確に持ったほうが良いいね」

例えば、「フィニッシュ」は、サイドからゴール前に出たグランダーのボールをうまく合わせてゴールに流し込む。そんなイメージです。ダイレクトで足を合わせれば仕留めることができる、点で合わせる、さわれば入る。そのような場面は少なくありません。

ところが、フィニッシュのイメージがない子は、合わせればいいだけの場面で足を振り抜いたり、もしくはパスが来る場所に飛び込むイメージを描けず「ゴール前に飛び込もう」とコーチに促されたりします。

フィニッシュのスキルを高めるには、**対人練習をたくさんしてイメージを育ててあげてください。**4対4などのスモールゲームなどで次々とシュート場面がくるような環境をつくってあげることです。

一方の「シュートチャンス」は、フィニッシュの技を磨くオープンスキルと並んで、キーパーの動きを見ながらゴールに正確に蹴り込むクローズドスキルも必要になります。

フレキシブル【ふれきしぶる】形

同柔軟な　臨機応変に　やわらかい考え方で

物事を決めつけずに、柔軟に対応すること。サッカーでは非常に大切な要素。それなのに、コーチが「ワンタッチでプレーしよう」と言うと、選手は状況を見極めずすべてダイレクトでパスを回そうとする傾向がある。コーチもそれで満足してしまいがち。

こうとらえてみよう！

柔軟な大人のもとで育つ子は

みなさん、タッチ数を限定して子どもたちにパス交換のトレーニングをさせることがあると思います。そうすると、例えばワンタッチのみとすると、それにこだわり過ぎてなかなかゴールを目指せない。そんなことが起こりませんか？

フランス国立サッカーアカデミー元校長で、日本サッカー協会でもアカデミーのテクニカルアドバイザーを務めたクロード・デュソーさんは「タッチ数は限定しないほうが良い。子どもたちに場面場面で考えさせて」と話していました。

一方、オシムさんはトレーニング前に「ダイレクトで回せ」と言いますが、「無理なときはツータッチでいい」とも言います。ただ、ダイレクトでパスできる場面でそうしなかったら、すごく怒ります。

「日本の選手は、ダイレクトで回せと言うと、それしかやらない。何が最上な選択かを自分で考えることをしなさすぎる」とよくぼやいていました。日本人は決まりごとを崩すことに非常に抵抗があるようです。そもそも、自由度の高いサッカーはセオリーがあるにせよ、結果オーライのスポーツなのです。

メッシやイニエスタでさえ「ここはフィードするのは無理」と思えば、バックにボールを下げます。指導者は、選手が何を見て判断していくかをきちんと見てアドバイスしなくてはなりません。それを積み重ねていった結果、子どもがワンタッチでパスをすると、攻撃の突破口になるとか、とても良いことが起きることを実感できるわけです。そこを磨こうと思わせるのが、ジュニア期の大きな指導目標だと思います。

「こんなふうにやるよ」とベースを見せておいて、子どもたちがフレキシブルにやっていくのを認めてあげてください。**ここぞというときに自分のアイデアで突破口を切り開く。頭のやわらかい大人のもとに、そういう子が育ちます。**

ボディシェイプ【ぼでぃーしぇいぷ】名

106

同視野の確保
類前を向く
直訳すると、体の「状態・姿・かっこう」という意味なので「体の向き」ともとらえられるが、サッカー用語では、視野をつくることを意味する。大まかに言えば、前を向くこと。ボールを保持した時点でもっとも広範囲を見ることのできる状態を「グッド・ボディシェイプ」という。

こうとらえてみよう！

「その状況に合った視野」の確保を

例えば、タッチライン沿いでボールをコントロールしたとき、ゴールに背を向けたままでは全体が見渡せません。逆に、タッチラインに背を向けた状態であれば、もっとも広い視野を確保できます。そのような状態を「グッド・ボディシェイプ」と表現します。

ボディシェイプが盛んに言われていたのは20年ほど前のことです。その頃、ナショナルトレセンのコーチとボディシェイプについて少し議論したことがあります。

例えば、敵陣に入ったあたりの左サイドにいた選手が、ゴールに背を向けた状態でセンターバックからパスを受けることがありました。コーチは「左足を引いてすぐにゴール方向を向いて左足で（ボールを）コントロールして」と説明しました。それがグッドボディシェイプだと言います。

そこで私は「強いボールだったら、左足でコントロールするのは無理ではありませんか？　その場合は（右足のインサイドでコントロールして）バックターンしてすぐに前を向けば問題ないのでは？」と尋ねました。「それでも左足でコントロールしてください」とおっしゃるので、一度やってみましょうと私が強いボールを渡しました。すると、コーチの方は体をターンさせてコントロールできませんでした。

実は子どもにも同じことが起こります。ボディシェイプを言い過ぎて、ボールコントロールのミスが続出したり、味方同士でぶつかってしまう子もいました。

では、小学生にボディシェイプをどう伝えるか。まず**「広いところをみなさい」と言います。**よりたくさんの攻撃方向の情報を入れるには、どうしたら良いかを伝えます。相手守備のプレッシャーがきつくてゴールを背にした状態でも、ゴール側に視野を向けられるボールコントロールを一緒に考えるのです。

プレッシャーがきつい場合や密集にいるときは、なるべく広いところにボールをコントロールするよう伝えます。優先順位はボールを奪われないことなので、プレッシャーがきついなど無理なときは「その状況に合った視野を確保する」ことを考えさせます。

ダイレクトプレー

【だいれくとーぷれー】名

同ワンタッチプレー
ゴールを狙うために逆算して、できるだけシンプルにプレーをすること。もしくは、その考え方をいう。有効なアタックの糸口になることが多い。近年はワンタッチ、ツータッチなどタッチ数を少なくして、相手を翻弄して崩しながら、いち早くゴールに向かうサッカーが主流のため重要視される。

こうとらえてみよう！ 「あわてなくていいよ」の声がけを

ワンツーなどのダイレクトプレーを選択すると、相手を崩しやすい攻撃ができます。指導者の中には「ジュニアではできない」とおっしゃる方もいますが、私が35年以上指導してきた中では、子どもたちはごく普通にダイレクトプレーをしていました。

ここで大人が気をつけなくていけないのは、**あわてさせるような声がけをしないということです。**「ここでダイレクトで回せば点が取れる」とか「なるべくワンタッチでパスを回せ」などと言ってしまうと、それればかりに気を取られたり、無理にワンタッチで回してミスを連発してしまいます。

「ワンタッチプレーでやるとチャンスになるよ。でも、あわてなくていいよ」と言ってあげてください。

ダイレクトプレーを選択するのは、あくまでも選手たちです。自分たちから「ここでやってみよう」と自発的にやったプレーなら、失敗しても次につながるはずです。

さらにいえば、本当にサッカーを理解しはじめると「ダイレクトプレーとそうでないプレーを混ぜるからワンタッチが生きてくる」ということが、実感としてわかるようになります。

ボール回しはワンタッチだけというトレーニングもよく見受けられますが、それでは良い判断が生まれません。そんなことを選手が自分たちで考えられるといいなと思います。

ちなみに、1970年代にドイツで「爆撃機」の異名をとったFWゲルト・ミュラーは、中盤ではダイレクトですぐさま他の選手に返すようベンチから命じられていたと聞きます。なぜなら、彼の技術が未熟だったからです。それでも、ゴールを仕留める力は図抜けていました。ダイレクトプレーにもさまざまな使われ方があるのです。

ルックアップ【るっく－あっぷ】動

108

同顔上げて　よく見よう
類情報を入れる

ボールを保持した際や、ドリブルで移動する際に顔を上げてプレーすること。足元の技術がおぼつかない小学生の間はついボールばかり見てしまいがちだが、高学年までには修正したい。視野の確保を要求するときに「ルックアップしよう」などと声をかける。

こうとらえてみよう！ 指導者の目指す選手像が変わったら

最近の小学生は、プレーの質が少し変わってきたように思います。

以前よりも、周りを見られる子が確実に増えています。少し前は、ドリブルで鮮やかに抜き去る子がどのチームも目立っていました。

ところが、最近は「面白い子がいるなあ」と目に留まる子は、顔が上がって、ドリブルもパスもできる。また、そのプレーの選択や判断も自分でうまくできています。

それはイコール、指導者の目指す選手像が変わり、指導そのものも変わってきたからです。

少し前は「上手い子」は、ボールの扱いが上手い子、ドリブルが上手い子というイメージを多くの指導者が持っていました。ところが、**最近はそこに「視野を持てる子」「周りを使える子」の視点**がプラスされてきたようです。

一方で、ルックアップの重要性が伝えられていないチームもあります。実際に3人に囲まれてもへっちゃらでドリブルで抜け出してしまう個人技のある子を輩出しても、中学に進んだ後もドリブルだけに頼ってしまい、その次の段階に進めていないようです。

ドイツなどサッカー先進国でさえ、代表チームが弱体化しているとみるや、それまでの育成方法を多角的に見直し新たなシステムを構築しました。日本も新たに整理し直す必要性を感じます。

先日、W杯で快進撃を見せた日本のラグビー関係者と話す機会がありました。その方はこう言いました。

「日本のラグビーの育成システムはまだまだ確立されていない。今回の代表はエディさん（ジョーンズ監督）のハードトレーニングのおかげで結果を出すことができたけれど、選手はもう二度とあんな辛い練習はしたくないと言う。代表だけ鍛えて日本のラグビーが強くなった気になってはいけない」

ジュニアを預かる私たちの責任は非常に重いのだと痛感しました。

あわてる【あわ－てる】動

同自分を失う
類ビビる　ナーバスになる
強い相手にプレッシャーをかけられるなどピンチになったとき、混乱しプレーを急いでミスしてしまうこと。特に自分の技術が高くないと感じている子どもは、余計にあわててしまう。技術が身について、経験を積んでいくと、自信が生まれてあわてなくなる。

こうとらえてみよう！

ドイツの子が目指す「パーフェクトスキル」

相手と自分との距離が２メートル以下。

この間合いが、その子が自分の技術に自信があるか、ないかがわかる距離です。２メートルを切ると大概の子はあわてます。ところが、技術がついてくると、１メートル50センチでもあわてません。

ドイツサッカー協会では、ジュニア期における「パーフェクトスキル」を、「３人の相手に囲まれてもボールを取られない技術」と定めていました。つまり、小学生の時点では、３人に襲いかかられてもボールを保持できる足元の技術があればＯＫ、ということです。

そのような個人技術をきちんと習得していれば、味方をどう使うかとか、細かいポジショニングなどは中学生年代から身につければいいと考えられています。

ところが、日本では、相手にボールを奪われるとコーチに叱られてしまいます。そのようにして試合に勝つことを求められるので、相手が近づくと味方の状態も確認せずに前方へボールを蹴ってしまう子どもがまだ多いようです。

「あわてないで。落ち着いてよく見ようね」

私もそう声をかけることがあります。多くは、強い相手にプレッシャーをかけられて、あわてて蹴ってしまう場面です。ピンチではありますが、とても良い練習になっているとも言えます。相手が自分たちよりも力が下なら、ドイツでいう「パーフェクトスキル」を磨く機会になりません。

日本では、ドイツサッカー協会のようなパーフェクトスキルは明示されていませんが、同様の個人技術を目指したいものです。

セクシーフットボール

【せくしーふっとぼーる】名

類エレガントなサッカー　ワクワクするサッカー

2005年度の全国高校選手権大会を制した滋賀県立野洲高校が見せたサッカーに対し、メディアが名付けた呼称。その後ドイツなどでプレーした乾貴士選手らを擁し、トリッキーなプレーやドリブル、鮮やかなパス回しで「観客を魅了するサッカー」を形容したもの。

110

こうとらえてみよう！　「自由」をはき違えてはいけません

「セクシーフットボール」という名称が盛んに報道されたとき、私は祖母井（秀隆＝京都サンガ元ＧＭ）さんと「サッカーを表現するのに、あまりふさわしくないよね」と話したことを憶えています。

「今の攻撃はエレガントだったね」

オシムさんは、個々の技術が高いプレーヤーたちが華麗にパスをつなぐサッカーを、「エレガント」という形容詞で表現していました。選手が連動し、流れるようにボールがつながった末にゴールに流し込まれる。私はこちらのほうがしっくりきます。

注目された当時の野洲高校は、攻撃を個人の自由に任せていたように思えました。よって、試合を見ていても、選手たちは本当に楽しそうにプレーしていました。良いときはどんどんパスをつなぎます。表現は適当ではないかもしれませんが、ある意味相手を翻弄するというか、もてあそぶようなプレーが観客をうならせていました。

野洲高校は優勝しましたが、同じように選手に自由にやらせているチームを見ていると、自分たちが技量が上でうまくいくときはゴールを量産し大勝しますが、自分たちより上の相手にうまく守られてしまうと、どうしようもなくなるようです。

苦しいときに誰かが味方を助けるプレーをしたり、抑えられているときにチームをどう立て直すかをみんなで考えて取り組むという様子が見られません。助け合ってボールを奪い取るなど、抵抗することがあまりなく大敗してしまうのが残念です。

「自由」の意味をはき違えてはいけません。自由だけど、真面目に取り組む、協働する面が出てくれば本当に良いチームになるでしょう。それとは対照的に、２０１５年度の全国選手権で優勝した東福岡高校のように、よく鍛えられていて個々の役割も明確で真面目に頑張るチームが、野洲のような自由さや闊達さを身につけると、もっと良くなるでしょう。

111

コーナーキック【こーなーきっく】名

同CK
ゴールラインから守備側に当たってアウトになると、コーナーから蹴り込まれるボール。少年サッカーの場合は、チームで一番キック力のある子がバコンと蹴る。ベンチから「良いボール！」と声が飛ぶ。誰も頭にかすらず逆のタッチラインから出てしまってスローイン。意味がないように見える。

こうとらえてみよう!

子どもたちの何を伸ばすかを考えて

小学生でまだヘディングの練習をやっていないのに、CKで大人と同じようなプレーをやっていることが多いようです。直接クロスを上げてしまい、ゴール前を通り過ぎる。そんなことが繰り返されています。本当にそれでいいのでしょうか?

私がジュニアのチームを持っていたときは、直接ボールを入れるのと、ショートコーナーと半々でやっていたと記憶しています。

「中でヘディングできる子はいないのに蹴ってしまうの? ショートコーナーでボールをつないで崩したほうがいいんじゃない?」

「相手のディフェンスの子たちは君たちより大きいよね。そこにボールを上げてゴールできますか? 他のやり方はないかな?」

そんなふうに問いかけていました。

ヘディングに関しては、先ごろアメリカサッカー協会がジュニア期は禁止することを決めたようですが、日本サッカー協会はリスクがまだ検証されていないとして禁止には至っていません。

私は、**ヘディングの良し悪しよりも、少年サッカーではショートコーナーからボールをつないでゴールを狙うほうが、上達につながる**と考えます。

「確実にボールをつないで点を取る」ことを優先するなら、コーナーキックはもちろん、ゴールキックの際もディフェンダーへ回して自陣からパスをつないでいくことを習慣にしたいものです。

一つひとつのプレーが子どもたちの何を伸ばす機会なのかどうか。その都度着眼してください。

スローイン【すろー　いん】名

タッチラインのボールが出た地点から、手でボールを投げてゲームを再開するルール。両足ともその一部をタッチライン上、またはタッチラインの外につける、両手で頭の後方から頭上を通して投げるといった規定がある。育成期でロングスローをさせるチームもある。少年の練習試合ではファウルを取らずどんどんプレーさせる審判もいる。

112

こうとらえてみよう！ ファールスローを叱る

「タテ！　タテ！」

少年サッカーの試合で、スローインの場面に一番たくさん飛んでくる大人の声がこの「タテに投げろ」という指示です。

オフサイドがないスローインでは、前方に投げればより攻撃的になるし、もし相手に触られてもタッチラインの外に出やすいので陣地を稼ぐことはできます。

よって、「タテ！　タテ！」の指示が多くなります。ですが、この**「タテに投げなさい」は、紛れもないオーバーコーチングです。**子どもたちが自分たちの判断で、タテに素早くボールを送ろうと考えることはいいことです。けれども、大人の言いなりになって、スローインしてしまうのは判断を奪っていることになります。

それと同様の理由で、必ずスローインをする子を決めているチームもいけません。よく飛ぶ子が必ずスローワーを担当する意味は何でしょうか？　勝つためでしょうか。

小学生の試合はファウルスローが多いです。投げる瞬間に片足が地面から離れてしまったり、ボールを頭の上を通さず、どちらかの肩に片寄ってななめに投げてしまいます。

ファウルスローをした子を叱っている指導者がいますが、ほうっておけば良いのです。その子がまずいなと思えば気をつけるようになるし、他の子が教えてあげるでしょう。

私は、**スローインの練習など高学年まで必要ない**と思います。低学年から中学年の間は、スローインもなし、ラインもなし。

どんどんプレーを続けさせれば良いのです。プレーが途切れず、ずっとボールを追い続ける。そのようなサッカーをぜひやらせてあげてください。

ヘディング【へでぃんぐ】名

サッカー技術のひとつだが、小学校低学年の間はやらなくても良い。頭蓋骨がやわらかい小さな頭への衝撃などを踏まえてではあるが、そもそも低学年の多くは浮き球を蹴ることができないので練習しても仕方ない。やるべきことは他にたくさんある。ちなみにコーチに言われて嫌々やると痛みは倍増。意思を持って頭に当てれば、痛くない。

113

こうとらえてみよう！ 子どもがやりたくなる工夫を

「逃げるな！」

小学生の試合やヘディング練習で、コーチの方が子どもに向かってそう怒っているのをよく目にします。コーチから注意されるからと仕方なく頭を出すと、当たったときの衝撃はとても強く感じます。

けれど、自分からボールに頭を当てていくと、感じる衝撃は軽減されます。体と心の準備があるうえに、自分から当てにいっているので、ちゃんと当たったか、思ったところにヘディングしたボールが飛んだかどうかに意識が向いているから痛みを感じずに済むのでしょう。

ヘディングの教え方で、指導の質がわかる部分もあります。なぜなら、硬いサッカーボールを頭に当てることは多少の痛みを伴うので、子どもたちが嫌がるからです。

特に、女子は「絶対、イヤッ」と拒否反応を示します。子どもがやりたがらないヘディング練習をいかに工夫して楽しくやらせるか。コーチの力量が問われるところです。

「ヘディングやるよ」と言うと、「えーっ、痛いからやだ～」とブーイングが起きることも珍しくありません。

そこで、シュートはヘディングのみとか、ヘディングで決めたら5点というようなミニゲームをするなど楽しめる練習にしてあげてください。**飛んできたボールを頭できれいに跳ね返す快感を一度でも経験すると、一気に楽しくなります。**

「子どもが自分からやりたくなる練習をやってくださいね」

私がいつも講習会などでかける言葉です。

スペース【すぺーす】名

114

こうとらえてみよう！
「日本人は他人のために走らない」

状況に応じて「スペース」と定義される部分の広さはかなり変わります。ゴール前でシュートを打つときであれば、ディフェンスから1メートル弱ほどのスペースがあれば十分に足を振り抜けます。「そこを使えば、相手にボールを取られない」というふうにスペースを見極めていきます。

理解が進むと**「味方の誰かが動くと、動いたあとにスペースが生まれる」ということがわかるようになります。**よく言われる「消えるプレー」というものです。つまり、おとりになるかたちでディフェンスを引き連れてどこかへ消える。そうすると、誰もいなくなった跡にぽっかりと大きな空間が出現します。

スペースを使うことはできるのですが、スペースをつくり出すことは日本の選手は苦手なようです。オシムさんは「日本人は他人のために走らない」と残念そうに話していました。そこを打破するためにも、フリーランニングしてスペースをつくった子をぜひほめてください。それが偶然だとしても、スペースを認知するきっかけになります。

同 空いたところ

自由にプレーできるフィールドポジション。攻める場合は、スペースを使う、スペースをつくる、などと言う。守備側に回れば、相手にスペースを与えないようポジショニングすることが求められる。サッカーの認知が進んでいない小学校低学年の子どもに対してもつい使ってしまうが、わかりやすく説明するのは実は難しい。

115
判断スピード【はん－だん－すぴーど】名

こうとらえてみよう！
狭いグリッドで判断スピードを磨こう

プレーを判断する手順は、まず顔を上げて（首を振って）視野を確保します。次に、短い時間の中でより多くの情報を自分の中に入れます。その情報に応じて、ドリブル、パス、シュートの三つからプレーを選ぶわけです。

より最適な判断をするには、たくさん情報を入れるようアドバイスします。「味方がボールを蹴る前に周りを見なさい」「ボールを蹴った瞬間も、見なさい」「ボールが転がっている間も見なさい」「ボールを受ける瞬間も見なさい」

では、小学生に判断スピードを上げさせるために何をしたらいいのでしょうか。よくあるのは、「ワンタッチで回せ」「ツータッチまででプレーするように」といったタッチ数を制限する練習です。しかし、プレーするスペース（グリッド）が広ければ、パスが長くなるため判断するのに余裕が生まれます。

よって、**練習するグリッドを狭くするほうが効果的です。**例えば、小さいグリッドでやる4対4。次々ディフェンスが来てプレーするスペースも奪われるため、判断スピードが磨かれます。

類 考える早さ

ボールを受けたら、選ぶのはパスかドリブルかシュート。その三つの選択肢をどんなかたちで行うかを、頭の中で選んでからプレーするまでの早さ。「考えてプレーしなさい」と言われるが、ボールを受ける前に選択するアイデアを持っている。さらに上のレベルでは、相手守備の対応によって瞬時に判断を変える能力が求められる。

て

テレビ観戦【てれび-かん-せん】名 …… 114

と

ドーパミン【どーぱみん】名 …… 88
どうしてできないの？【どう-して-でき-ない-の】問 …… 48
どうすればうまくいく？【どう-すれば-うま-く-いく】問 …… 46
どうですか？【どう-です-か】問 …… 12
友達にきいてみたら？【とも-だち-に-きい-て-みた-ら】問 …… 26
泥くさい【どろ-くさ-い】形 …… 130
どんな感じ？【どんな-かん-じ】問 …… 44

な

何を見ましたか？【なに-を-み-ました-か】問 …… 70
何回外してるの？【なん-かい-はずーし-て-る-の】問 …… 62
習い事【なら-い-ごと】名 …… 122

の

伸びしろ【のび-しろ】名 …… 156
伸びる条件【のび-る-じょう-けん】名 …… 134

は

バーンアウト【ばーん-あうと】名 …… 92
パスサッカー【ぱす-さっかー】名 …… 178
パスミス【ぱす-みす】名 …… 174
8人制フォーメーション【はちにんせい-ふぉーめーしょん】名 …… 208
罰ゲーム【ばつ-げーむ】名 …… 142
判断スピード【はん-だん-すぴーど】名 …… 235

ひ

引っ張る【ひっぱ-る】動 …… 186
ビハインド【び-はいんど】名 …… 188
広いほうに【ひろ-い-ほう-に】命 …… 74

ふ

ファーストタッチ【ふぁーすと-たっち】名 …… 192
フィニッシュ【ふぃにっしゅ】動 …… 214
フェアプレー【ふぇあ-ぷれー】名 …… 164
フリーズ【ふりーず】名 …… 190
プレーヤーズファースト【ぷれーやーず-ふぁーすと】名 …… 98
フレキシブル【ふれきしぶる】形 …… 216
プレッシング【ぷれっしんぐ】動 …… 184

へ

ヘディング【へでぃんぐ】名 …… 232
ベンチ【べんち】名 …… 158

ほ

ボールがもらえますか？【ぼーる-が-もら-え-ます-か】問 …… 66
ボール見ろ！【ぼーる-み-ろ】命 …… 58
ほかのやり方はないのかな？【ほか-の-やり-かた-は-ない-の-か-な】問 …… 40
補欠【ほ-けつ】名 …… 152
ポゼッションサッカー【ぽぜっしょん-さっかー】名 …… 206
ボディシェイプ【ぼでぃ-しぇいぷ】名 …… 218

ま

間合い【ま-あい】名 …… 194
マークする【まーく-する】動 …… 212
負けず嫌い【まけ-ず-ぎらい】名 …… 106

み

認める【みとめ-る】動 …… 82

む

無関心【む-かん-しん】名 …… 146

め

メンバー決め【めんばー-ぎめ】名 …… 126

も

モチベーションアップ【もちべーしょん-あっぷ】動 …… 90
問題ないよ【もん-だい-ない-よ】ポ …… 30

や

やってみたら？【やって-みた-ら】ポ …… 36

ゆ

優先順位【ゆう-せん-じゅん-い】名 …… 124

ら

ライン上げろ【らいん-あげ-ろ】命 …… 76

り

リーグ戦【りーぐ-せん】名 …… 120
理不尽【り-ふ-じん】名 …… 132

る

ルックアップ【るっく-あっぷ】動 …… 222

れ

練習メニュー【れんしゅう-めにゅー】名 …… 196

わ

わかった？【わか-った】問 …… 8

索引

あ

あわてないでやってごらん【あわて-ないで-やって-ごらん】ポ …24
あわてる【あわ-てる】動 …224

い

いい質問だね【いい-しつ-もん-だ-ね】ポ …28
移籍【い-せき】名 …150
いなす【いな-す】動 …168
インサイドキック【いん-さいど-きっく】名 …172
インテリジェンス【いんてりじぇんす】名 …102

え

選ぶのは君だよ【えら-ぶ-の-は-きみ-だ-よ】ポ …50

お

応援【おう-えん】名 …160
オーバーコーチング【おーばー-こーちんぐ】名 …104
オープンマインド【おーぷん-まいんど】名 …100
教えない【おしえ-ない】動 …78
教える【おしえ-る】動 …80
オフ・ザ・ボール【おふ-ざ-ぼーる】名 …180
面白いね【おもしろ-い-ね】ポ …18
親の役割【おや-の-やく-わり】名 …112

か

勝ちたくないの？【かち-たく-ない-の】問 …54
壁パス【かべ-ぱす】名 …170

き

危機察知能力【きき-さっち-のうりょく】名 …210
厳しくする【きび-しく-する】動 …84
キャプテン【きゃぷてん】名 …118
切り替えろ【きり-かえ-ろ】命 …60

く

首振って！【くび-ふっ-て】命 …64
グリーンカード【ぐりーん-かーど】名 …166
クローズドスキル【くろーずど-すきる】名 …202

こ

高校選手権【こう-こう-せん-しゅ-けん】名 …162
コーチング【こーち-んぐ】名 …154
コーチが決めて【こーち-が-きめ-て】 …52
コーナーキック【こーなー-きっく】名 …228
ＧＫ【ごーる-きーぱー】名 …204
ゴールは見た？【ごーる-は-みた？】問 …68
五感【ご-かん】名 …110
このままでいい？【この-まま-で-いい】問 …20
ご褒美理論【ご-ほう-び-り-ろん】名 …94

さ

サポートする【さぽーと-する】動 …182

し

自主練【じ-しゅ-れん】名 …148
質問ありますか？【しつ-もん-あり-ます-か】問 …10
指導力【し-どう-りょく】名 …86
自分だけ楽しければいいの？【じ-ぶん-だけ-たのし-ければ-いい-の】問 …42
集中力【しゅう-ちゅう-りょく】名 …144
主役【しゅ-やく】名 …138
勝利至上主義【しょう-り-し-じょう-しゅ-ぎ】名 …108
自立【じ-りつ】名 …136
進路【しん-ろ】名 …140

す

数的優位【すう-てき-ゆう-い】名 …200
好きなようにやってごらん【すき-な-ように-やって-ごらん】ポ …22
ストライカー【すとらいかー】名 …176
スペース【すぺーす】名 …234
スローイン【すろー-いん】名 …230

せ

セクシーフットボール【せくしー-ふっとぼーる】名 …226
セレクション【せれくしょん】名 …96
センス【せんす】名 …128

そ

それで満足なの？【それ-で-まん-ぞく-なの？】問 …16

た

大丈夫ですか？【だい-じょう-ぶ-です-か】問 …38
ダイレクトプレー【だいれくと-ぷれー】名 …220
助けてあげたら？【たす-けて-あげ-た-ら】問 …56
縦割り【たて-わり】名 …116
楽しかった？【たの-し-かった】問 …14
楽しくないね？【たのし-く-ない-ね】問 …34
球際【たまーぎわ】名 …198

つ

次は気をつけてみよう【つぎ-は-き-を-つけて-みよう】ポ …32
つないでいこう【つな-いで-いこう】ポ …72

監修

池上 正 いけがみ・ただし

大阪体育大学卒業後、大阪YMCAでサッカーを中心に幼年代や小学生を指導。2002年、ジェフユナイテッド市原・千葉に育成普及部コーチとして加入。幼稚園、小学校などを巡回指導する「サッカーおとどけ隊」隊長として、千葉市・市原市を中心に年間190か所で延べ40万人の子どもたちを指導した。

10年1月にジェフを退団。同年春より「NPO法人Ｉ.Ｋ.Ｏ市原アカデミー」代表。千葉大学教育学部、東邦大学理学部、東京YMCA社会体育専門学校で非常勤講師を務めた。12年に京都サンガＦ.Ｃ.ホームタウンアカデミーダイレクター就任後、育成・普及部部長などを歴任。京都府内の小学校でも、出前授業「つながり隊」を行う。

『サッカーで子どもがぐんぐん伸びる11の魔法』、『サッカーで子どもがみるみる変わる７つの目標(ビジョン)』(ともに小学館)。DVDブック『サッカーで子どもの力をひきだすオトナのおきて10』、『少年サッカーは９割親で決まる』(ともに監修／カンゼン)、『叱らず、問いかける　子どもをぐんぐん伸ばす対話力』(廣済堂ファミリー新書) など著書多数。

著者

島沢優子 しまざわ・ゆうこ

フリーライター。日本文藝家協会会員。筑波大学卒業後、英国留学などを経て日刊スポーツ新聞社東京本社勤務。1998年よりフリー。主に週刊誌『AERA』やネットニュースで、スポーツ、教育関係等をフィールドに執筆。

『桜宮高校バスケット部体罰事件の真実　そして少年は死ぬことに決めた』(朝日新聞出版)『左手一本のシュート　夢あればこそ！脳出血、右半身麻痺からの復活』『王者の食ノート―スポーツ栄養士虎石真弥、勝利への挑戦』(ともに小学館) など著書多数。『「みんなの学校」が教えてくれたこと　学び合いと育ち合いを見届けた3290日』(木村泰子著)『サッカーで子どもをぐんぐん伸ばす11の魔法』(池上正著／ともに小学館) など企画構成を担当した書籍も版を重ねている。

ブックデザイン　二ノ宮匡
イラストレーション　坂木浩子（ぽるか）
DTP オペレーション　森脇隆（ライブ）
編集協力　一木大治朗

編集　滝川 昂（カンゼン）

サッカーで子どもの力をひきだす
池上さんのことば辞典
発 行 日　2016年12月19日　初版

監　　修　池上 正
著　　者　島沢 優子
発 行 人　坪井 義哉
発 行 所　株式会社カンゼン
〒101-0021
東京都千代田区外神田2-7-1 開花ビル
TEL 03（5295）7723
FAX 03（5295）7725
http://www.kanzen.jp/
郵便為替 00150-7-130339
印刷・製本　株式会社シナノ

ISBN 978-4-86255-378-2
Printed in Japan
定価はカバーに表示してあります。

ご意見、ご感想に関しましては、kanso@kanzen.jp まで E メールにてお寄せ下さい。お待ちしております。

株式会社カンゼンは
『JFAこころのプロジェクト』支援企業です。